Laurent BATSCH

LA COMPTABILITÉ FACILE

•MARABOUT•

SOMMAIRE

PRÉSENTATION

Vous êtes étudiant en LEA, en AES, en Droit ou en Sciences, et vous avez une UV de comptabilité : vous voulez comprendre, mais vous êtes « bloqué » par les ouvrages trop spécialisés.

Vous êtes élu d'un Comité d'entreprise, et vous avez besoin de connaître les comptes, le Résultat, le Bilan.

Vous êtes « technico-commercial », représentant ou responsable de production, vous travaillez en entreprise à côté de gestionnaires et vous voulez comprendre leur langage.

Vous êtes artisan ou commerçant, et vous devez tenir vos Livres pour votre comptable.

Vous êtes simplement curieux de connaître quelques outils de gestion.

Bref, vous souhaitez vous familiariser avec la compta,

sans devenir pour autant un technicien : ce livre est écrit pour guider vos premiers pas.

Il s'attache à présenter l'essentiel :
— La méthode de la partie double : qu'est-ce que débiter ou créditer un compte ?
— Le Bilan, le Résultat : que montrent-ils ? Comment sont-ils construits ?
— La valeur ajoutée, la capacité d'autofinancement, le besoin en fonds de roulement, etc. : comment utiliser ces instruments de l'analyse financière ?

Ce livre est aussi un cahier corrigé. Il sollicite votre participation mais ne vous laisse jamais en panne de solutions.

Chaque explication est accompagnée d'un exemple que vous devez compléter, avec sa correction en fin de chapitre.

Chaque chapitre se conclut par un test de connaissances, avec sa correction en fin de volume.

Prenez un crayon, une gomme, tournez la page... et bon courage !

CHAPITRE Ier

FAISONS LE BILAN

Un « bilan », dans le langage courant, c'est toujours une balance entre des objectifs et des résultats, ou entre des acquis et des lacunes.

En comptabilité, le Bilan est aussi une balance.

D'un côté, il recense les avoirs de l'entreprise. Observez votre lieu de travail, pour en faire l'inventaire : le terrain, la construction, les machines ou le matériel de bureau, les stocks, la trésorerie... Vous êtes en train de décrire l'**Actif** du Bilan.

De l'autre côté, au **Passif,** le Bilan indique les ressources qui ont permis de financer les avoirs de l'entreprise. Il y a trois types de ressources. Essayez d'en trouver au moins deux. Sinon, un peu de patience...

A gauche, l'Actif répond à la question : que possède l'entreprise ? A droite, le Passif répond à la question : d'où viennent les actifs ?

Tout élément acquis ayant forcément une origine, l'égalité Actif = Passif découle de leur définition même.

► Remarque. Les deux côtés du Bilan décrivent le même objet, vu sous deux angles différents. L'Actif et le Passif du Bilan sont comme la face nord et la face sud d'une montagne : la vue n'est pas la même, pourtant c'est la même chose...

UN EXEMPLE : PIZZADOMI

Nous décidons de lancer une petite entreprise sur le créneau de la restauration à domicile. PIZZADOMI fabriquera et distribuera des pizzas chez les particuliers.

Nous devons donc répondre à deux questions :
– à combien se montent les besoins de l'entreprise, poste par poste ?
– de quelles ressources pouvons-nous disposer ?

Une première étude établit la liste des postes nécessaires au démarrage de l'activité : installations (20 000), droit au bail (15 000), matériels de transport (7 000), stock de marchandises (1 500), banque (1 000), caisse (500). Vous savez maintenant que l'ensemble de ces éléments compose l'Actif. Au total, il nous faut acquérir pour 45 000 € d'éléments d'Actif.

Du côté des ressources (Passif), nous ne pouvons pas apporter plus de 30 000 €, prélevés sur notre épargne personnelle. Il nous manque donc 15 000 €. Comment ajuster les besoins et les ressources ? L'alternative est simple…
– Soit on réduit les besoins : mais quel poste comprimer, sans compromettre l'ensemble du montage ?
– Soit on augmente les ressources : il faut accepter de s'endetter. Nous allons donc solliciter et obtenir de notre banque un emprunt de 15 000 €.

Il devient possible de présenter le Bilan de constitution de l'entreprise PIZZADOMI.

FAITES-LE VOUS-MÊME

ACTIF	BILAN n° 1	PASSIF
....		....
....		....
....		....
....		....
....		....
....		....
....		....

Solution en fin de chapitre

PREMIÈRES OPÉRATIONS

PIZZADOMI se lance. Déjà, la nécessité d'une comptabilité se fait sentir. En effet, il nous faut enregistrer diverses opérations (commerciales, financières, ...) pour en garder la trace. Quelle technique permettra d'éviter les oublis, mais aussi les doublons ?

Nous dressons donc un tableau, avec une colonne pour chaque poste du Bilan. Selon que ce poste augmente ou diminue, nous inscrirons le montant en addition ou en soustraction dans la colonne correspondante.

Attention, chaque opération affecte deux postes. A vous de les trouver.

→ FAITES-LE VOUS-MÊME

	Installations	Dettes fournisseurs	Banque	Caisse	Capital	Emprunt
Montant initial	....	....	....	....	....	....
Augmentation de capital déposé en banque : 20 000	....	....	....	....	....	....
Acquisition d'un équipement à crédit : 10 000	....	....	....	....	....	....
Retrait d'espèces à la banque : 2 000	....	....	....	....	....	....
Remboursement d'une mensualité d'emprunt : 3 000	....	....	....	....	....	....
Acquisition d'un équipement payé par chèque : 4 000	....	....	....	....	....	....
Montant final	....	....	....	....	....	....

Solution en fin de chapitre

Ce tableau, c'est un peu la préhistoire de la comptabilité. Pour chaque poste, une seule colonne avec des « plus » et des « moins » qui se suivent : c'est une comptabilité en partie simple.

Après ces opérations, nous pouvons établir un nouveau bilan. Les postes qui n'ont pas été affectés par les opérations sont repris tels quels. Les autres sont affectés de leur nouveau montant.

Attention, un nouveau poste est apparu : « Dettes fournisseurs ». Il est à ranger au Bilan du même côté qu'un autre compte de dette que vous connaissez.

Et vérifiez que vous retrouvez l'égalité Actif = Passif.

→ FAITES-LE VOUS-MÊME

ACTIF BILAN n° 2 PASSIF

Installations	....	Capital	....
Droit au bail	....	Emprunt	....
Matériels de transport	....	....	....
Stock de marchandises	....		
Banque	....		
Caisse	....		
Totaux	....		....

Solution en fin de chapitre

D'UN BILAN À L'AUTRE : VOUS ÊTES-VOUS ENRICHI ?

L'Actif est passé de 45 000 € à 72 000 €. Peut-on conclure que l'entreprise s'est enrichie de 27 000 € ?

La tentation est grande de répondre par l'affirmative... Pourtant, vous allez démontrer vous-même le contraire.

Commencez par compléter le tableau suivant des variations de postes entre le Bilan n° 1 et le Bilan n° 2 :

A l'Actif, trois postes ont augmenté :

.... : + ...
.... : + ...
.... : + ...

+ ....

Au Passif, deux postes ont augmenté, l'un a diminué :

.... : + ...
.... : + ...
.... : − ....

+ ....

La croissance de l'Actif a été financée par deux ressources :

– Un apport en capital de 20 000 €.
– Un endettement supplémentaire : les dettes (emprunt et fournisseurs) ont augmenté de 7 000 € (10 000 – 3 000).

Ne perdez pas de vue la question posée : PIZZADOMI s'est-elle enrichie ? Vous êtes en mesure de formuler deux réponses.

1. OUI, LE PATRIMOINE DE L'ENTREPRISE A AUGMENTÉ... MAIS PAS DE 27 000 €.

Le patrimoine (on parle aussi de « situation nette ») est inférieur à l'Actif. En effet, une partie des actifs ne sert qu'à couvrir les dettes.

Patrimoine = Actif – Dettes

On peut dire que PIZZADOMI s'est enrichie dans la mesure où son patrimoine a augmenté de 20 000 € (et pas de 27 000 €, notez-le).

Mais elle ne s'est pas enrichie *par elle-même.*

2. NON, AUCUN RÉSULTAT N'A ÉTÉ CRÉÉ.

L'augmentation du patrimoine est entièrement imputable à des contributions extérieures à l'entreprise : apport de nous-même (qui avons transféré à l'entreprise une partie de nos avoirs personnels) et apport (provisoire, certes) des fournisseurs qui nous ont fait crédit.

La croissance du patrimoine n'est donc pas le produit de l'activité de l'entreprise, mais seulement la contrepartie de l'augmentation des ressources de financement extérieures.

En cas de liquidation, l'Actif ne servirait qu'à rembourser les créanciers et à nous restituer les fonds que nous avons mis dans l'affaire. Nous ne retirerions pas un franc de bénéfice.

C'est pourquoi les opérations réalisées ci-dessus ne font pas surgir un résultat.

Le résultat apparaît dans le Bilan quand l'augmentation du patrimoine découle de l'activité de l'entreprise.

RÉSUMÉ

1. Le Bilan est une photographie : à l'Actif, les avoirs physiques et liquides; au Passif, les origines financières de l'Actif.

2. L'endettement constitue une ressource : s'endetter, c'est financer l'Actif avec l'argent des autres.

3. La dimension du patrimoine et le montant du résultat sont deux notions indépendantes. Une grande entreprise, dotée d'un patrimoine considérable, peut connaître une activité déficitaire.

4. La technique du tableau de comptabilité en partie simple (voir plus haut) est difficilement applicable avec un grand nombre d'opérations et un grand nombre de postes au Bilan : elle appelle un dépassement.

SOLUTIONS DE FAITES-LE VOUS-MÊME

Exercice de la page 12

ACTIF	BILAN n° 1		PASSIF
Installations	20 000	Capital	30 000
Droit au bail	15 000	Emprunt	15 000
Matériels de transport	7 000		
Stock de marchandises	1 500		
Banque	1 000		
Caisse	500		
	45 000		45 000

Exercice de la page 13

	Installations	Dettes fournisseurs	Banque	Caisse	Capital	Emprunt
Montant initial	20 000	0	1 000	500	30 000	15 000
Augmentation de capital déposé en banque : 20 000			+ 20 000		+ 20 000	
Acquisition d'un équipement à crédit : 10 000	+ 10 000	+ 10 000				
Retrait d'espèces à la banque : 2 000			– 2 000	+ 2 000		
Remboursement d'une mensualité d'emprunt : 3 000			– 3 000			– 3 000
Acquisition d'un équipement payé par chèque : 4 000	+ 4 000		– 4 000			
Montant final	34 000	10 000	12 000	2 500	50 000	12 000

Exercice de la page 14

ACTIF	BILAN n° 2		PASSIF
Installations	34 000	Capital	50 000
Droit au bail	15 000	Emprunt	12 000
Matériels de transport	7 000	Dettes fournisseurs	10 000
Stock de marchandises	1 500		
Banque	12 000		
Caisse	2 500		
	72 000		72 000

→ TESTEZ VOS CONNAISSANCES

Mr Hector BOYAU est grossiste en vins et alcools. Voici son Bilan, au 1er mai et au 30 mai.

Actif	BILAN au 1/5		Passif
Terrains	100 000	Capital	130 000
Matériel	48 000	Emprunt	30 000
Véhicules	14 000	Fournis.	20 000
Stocks	10 000	Etat	8 000
Clients	8 300		
Banque	7 200		
Caisse	500		
	188 000		188 000

Actif	BILAN au 30/5		Passif
Terrains	100 000	Capital	140 000
Matériel	58 000	Emprunt	24 000
Véhicules	14 000	Fournis.	30 000
Stocks	10 000		
Clients	3 300		
Banque	8 000		
Caisse	700		
	194 000		194 000

En refaisant un tableau en partie simple, retrouvez les opérations qui ont été effectuées. Sachez qu'une acquisition de matériel a été faite à crédit, que les clients règlent par virements bancaires, et que le poste « Etat » correspond à des dettes fiscales.

Solution en fin de livre

CHAPITRE II

LA RÈGLE DU JEU : LA PARTIE DOUBLE

UN COMPTE, C'EST PRATIQUE !

Le compte, c'est une présentation commode. Vous l'avez déjà utilisé pour suivre l'état de vos finances. Il suffit de tirer un trait au milieu d'une feuille, d'inscrire les recettes d'un côté et les dépenses de l'autre.

Reprenez les opérations du chapitre précédent (page 13). Et enregistrez les modifications des postes « Banque » et « Caisse » dans les comptes suivants :

➞ FAITES-LE VOUS-MÊME

Recettes	Banque	Dépenses
Avoir initial	....	....
	....	....
	....	....
	....	....
Nouvel avoir	....	

Recettes	Caisse	Dépenses
Avoir initial	....	
	....	
Nouvel avoir	....	

Solution en fin de chapitre

Il n'y a pas de raison de réserver aux seuls postes de trésorerie, la présentation sous forme de comptes.

L'usage du compte peut être étendu à tous les postes du Bilan. Car, pour chacun d'entre eux, il est intéressant de conserver un récapitulatif des entrées et des sorties.

La comptabilité générale est née de la généralisation des comptes à tous les postes du Bilan. A chaque poste, on associe un compte.

LA PARTIE DOUBLE

Les comptables se sont donné une règle d'écriture qu'on peut résumer ainsi provisoirement :

Toute opération simple affecte deux comptes, l'un dans sa partie gauche, l'autre dans sa partie droite.

Cette règle a deux avantages :
– Elle facilite les contrôles : le total des sommes inscrites à gauche doit toujours être égal au total des sommes imputées à droite des comptes dans une période donnée. Sinon, cherchez l'erreur...
– Surtout, cette convention élémentaire fonde un système cohérent de comptes : les entrées seront toujours enregistrées du même côté, et les sorties toujours du côté inverse.

Pas de panique ! A la base de la comptabilité, il n'y a qu'une simple règle de jeu. Une fois adoptée, celle-ci a sa propre logique.

Risquons une analogie. La conduite automobile se fait à droite : c'est une convention. Mais de ce choix découle logiquement l'emplacement du volant à gauche, la priorité à droite, etc.

Or, la règle de la partie double est géniale dans sa simplicité.

Il suffit de décider qu'un seul compte, « Banque » par exemple, augmente à gauche et diminue à droite pour déterminer le sens d'imputation de tous les autres comptes.

Reprenez les opérations (p. 22) qui affectent « Banque » (sans reporter les montants initiaux pour l'instant). Et appliquez la règle : si « Banque » est imputé à gauche, le compte de contrepartie sera imputé à droite, et vice-versa.

→ FAITES-LE VOUS-MÊME

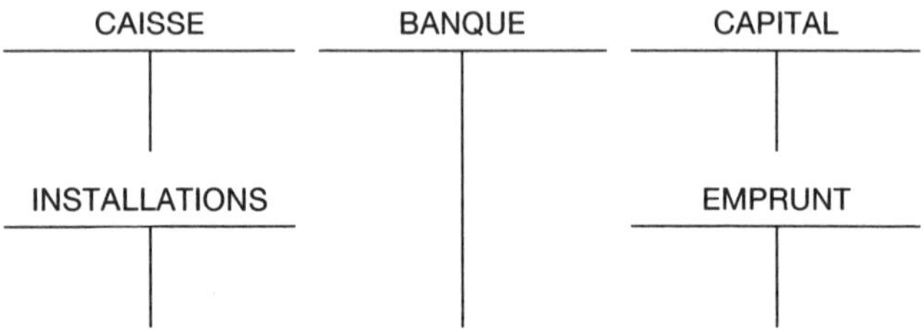

Solution en fin de chapitre

On constate que certains comptes fonctionnent comme « Banque » : ils augmentent à gauche et diminuent à droite. Indiquez-les : ....

D'autres comptes fonctionnent en sens inverse : plus à droite et moins à gauche.

Oui, mais... Comment enregistrer l'opération qui n'affecte pas « Banque » : l'acquisition de matériel à crédit pour 10 000 € ?

– D'abord, identifiez les deux comptes concernés par cette opération.

– L'un de ces comptes a déjà été utilisé ci-dessus : vous en connaissez donc le sens de fonctionnement. Et vous imputez le deuxième compte en sens inverse du premier.

Toutes les opérations peuvent donc se plier à la règle de la partie double.

FAITES-LE VOUS-MÊME

......	
10 000	

......	
	10 000

Solution en fin de chapitre

Et deux groupes de comptes se dégagent, qui fonctionnent en sens inverse. Mettons à gauche les comptes qui augmentent à gauche, et à droite les comptes qui augmentent à droite :

Matériel	Capital
Banque	Emprunt
Caisse	Fournisseurs

Cette ligne de partage en rappelle une autre : les comptes de gauche sont des comptes d'Actif, et les comptes de droite sont des comptes de Passif.

Le fonctionnement des comptes de Bilan se schématise ainsi :

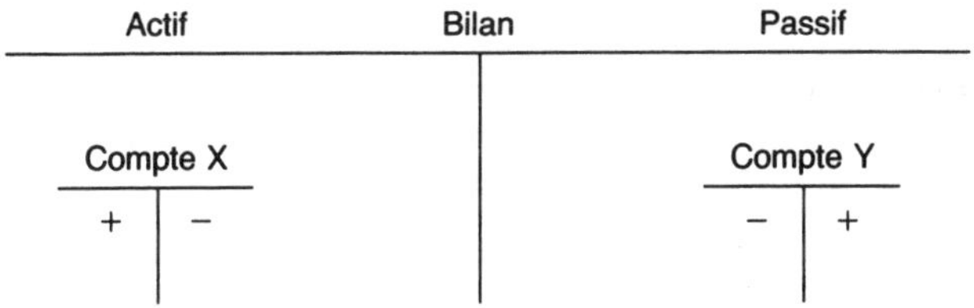

EMPLOIS ET RESSOURCES

La règle de la partie double déroute ceux qui cherchent des explications compliquées à une simple règle de jeu.

La comptabilité générale est bâtie sur une convention : celle-ci n'est ni juste, ni fausse. Il suffit qu'elle soit fonctionnelle au regard de l'objectif poursuivi.

Elle est fonctionnelle parce qu'elle reflète la réalité de toute opération.

Toute opération a une origine et une destination. Elle met en rapport une ressource et un emploi (au sens d'affectation).

On le vérifie avec l'exemple de nos cinq opérations. Pour chaque opération, un compte sert de ressource, tandis que l'autre reçoit les emplois. Selon la nature de l'opération, un même compte peut être utilisé en emploi ou en ressource.

Complétez le tableau suivant en inscrivant l'intitulé des comptes.

→ **FAITES-LE VOUS-MÊME**

	EMPLOI	RESSOURCE
Equipement acquis à crédit		
Retrait d'espèces en banque		
Augmentation de capital, en banque		
Remboursement d'emprunt		
Equipement payé par chèque		

Solution en fin de chapitre

Vous vérifiez qu'un même compte apparaît tantôt parmi les emplois tantôt parmi les ressources.

C'est évident pour « Banque ». Mais aussi pour « Dettes fournisseurs ». A leur création, elles sont une ressource. Quand elles s'éteignent, les dettes constituent l'emploi de la ressource monétaire qui a servi à les régler. De même pour « Emprunt ». Quand il est souscrit, il constitue une ressource permettant d'augmenter les avoirs en banque. Au remboursement, c'est l'inverse : il est l'emploi de la ressource bancaire utilisée pour rembourser.

La règle de la partie double peut donc se formuler ainsi :

Les comptes sont imputés à gauche quand ils servent d'emploi, et à droite quand ils sont à l'origine de l'opération. Toute opération se traduira par l'imputation d'un compte en emploi et d'un autre en ressource.

Cette formulation a un intérêt pratique. Elle donne une technique d'enregistrement : pour chaque opération, il faut chercher le compte-ressource et le compte-emploi.

A l'Actif, qui regroupe les emplois de l'entreprise, figurent les comptes qui augmentent du côté des emplois. Au Passif, qui décrit les ressources, se trouvent les comptes qui augmentent du côté des ressources.

► Remarque. Ressource n'est pas synonyme de diminution, Emploi n'est pas synonyme d'augmentation.

– On contracte un emprunt : la ressource est le compte « Emprunt », et l'emploi s'inscrit au compte « Banque ». L'un et l'autre augmentent, mais pas du même côté...

– On rembourse un emprunt : la ressource est le compte « Banque », et l'emploi est le compte « Emprunt ». L'un et l'autre diminuent, mais pas du même côté...

DÉBIT, CRÉDIT : LE PIÈGE DES MOTS

Les comptables ne parlent pas de la gauche et la droite d'un compte, mais de son débit et de son crédit.

Ne vous fiez pas au sens courant de ces mots. Le mot débit est de même racine que la dette, il est associé à l'idée de diminution. A l'inverse, crédit évoque la créance et l'avoir. Or, tous les comptes d'actif augmentent au débit et diminuent au crédit.

Pour déjouer le piège des mots, il faut oublier leur sens propre, et s'en tenir à cette définition triviale :

Débit = partie gauche ou emploi.

Crédit = partie droite ou ressource.

RÉSUMÉ

1. Tous les comptes ont deux parties, dénommées Débit à gauche, Crédit à droite.

2. Toute opération simple affecte deux comptes. Il suffit de décider qu'un compte (par exemple de trésorerie) augmente à gauche ou que les emplois s'imputent à gauche, pour déterminer le sens d'imputation de tous les comptes.

3. Il découle de ce qui précède que toute opération simple se traduit par l'enregistrement d'un montant égal au débit d'un compte et au crédit d'un autre. C'est la règle de la partie double.

SOLUTIONS DE FAITES-LE VOUS-MÊME

Exercice de la page 22

Recettes		BANQUE	Dépenses
Avoir initial	1 000	2 000	Retrait d'espèces
Apport	20 000	3 000	Remboursement d'emprunt
		4 000	Matériel acquis
Total recettes	21 000	9 000	Total dépenses
Nouvel avoir	12 000		

Recettes		CAISSE	Dépenses
Avoir initial	500		
Dépôt d'espèces	2 000		
Nouvel avoir	2 500		

Exercice de la page 24

BANQUE	
app. 20 000	2 000 retrait
	3 000 remb.
	4 000 matér.

CAISSE	
dépôt 2 000	

CAPITAL	
	app. 20 000

EMPRUNT	
remb. 3 000	

INSTALLATIONS	
acq. 4 000	

Exercice de la page 25

INSTALLATIONS	
acqu. 10 000	

DETTES FOURNISSEURS	
	10 000 mat.

Exercice de la page 26

	EMPLOI	RESSOURCE
Equipement acquis à crédit	Installations	Dettes fournisseurs
Retrait d'espèces en banque	Caisse	Banque
Augmentation de capital, en banque	Banque	Capital
Remboursement d'emprunt	Emprunt	Banque
Equipement payé par chèque	Installations	Banque

→ TESTEZ VOS CONNAISSANCES

Mme Ghislaine ANGORA ouvre un commerce de pull-overs, le 1er septembre.

Elle apporte en capital 30 000 € déposés sur un compte ouvert à la BCG, ainsi qu'un véhicule commercial évalué à 10 000 €. Elle obtient aussi un emprunt de 15 000 € de sa banque.

Présentez le Bilan au 1er septembre.

Courant septembre, avant l'ouverture à la clientèle. Mme ANGORA fait les opérations suivantes :
– règlement du droit au bail, chèque 130220 : 20 000 €.
– reprise du stock cédé par son prédécesseur, chèque 130221 : 10 000 €.
– retrait d'espèces pour alimenter la caisse : 1 000 €.
– acquisition de diverses installations, chèque 130222 : 12 000 €.
– acquisition d'un micro-ordinateur à crédit : 3 000 €.
– versement d'un dépôt de garantie au propriétaire, chèque 130223 : 5 000 €.

Passez les écritures dans les comptes, sans oublier leur montant initial. Si vous butez, lisez les pages suivantes sur le solde.

Observez bien le compte « Banque », et présentez le Bilan au 30 septembre.

Solution en fin de livre

Le point sur…

LE SOLDE

A chaque poste du bilan correspond un compte.

Solder un compte, c'est évaluer le montant du poste correspondant. Quel est l'avoir en compte ? Quelle est la valeur du parc de matériel ? A combien se montent les dettes ? Etc.

Solde = Total Débit – Total Crédit

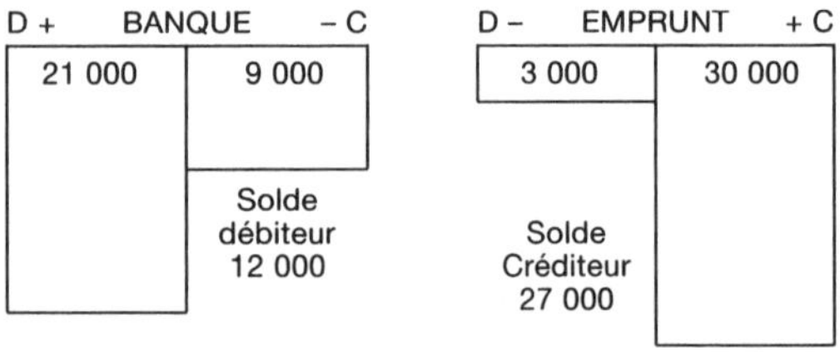

Le solde est dit débiteur si Débit > Crédit
Le solde est dit créditeur si Crédit > Débit

Le solde prend le nom du côté le plus grand. Mais attention : pour équilibrer les deux côtés, le solde s'inscrit dans le plus petit.

Le solde débiteur apparaît donc au crédit, et le solde créditeur se marque au débit.

► Remarque. La présence d'un signe + ou – de chaque côté d'un compte n'est qu'un artifice provisoire, le temps de se familiariser avec le jeu des comptes.

Pour établir le bilan, il faut connaître la valeur des postes, et solder les comptes. Mais la vie de l'entreprise ne s'arrête pas le jour où les comptes ont été soldés. A l'entrée de la période suivante, il faut « rouvrir » les comptes, en y reportant les soldes finals de la période close.

D +	BANQUE − C
12 000	

D −	EMPRUNT + C
	27 000

A l'ouverture des comptes, un solde débiteur est inscrit au débit, un solde créditeur est porté au crédit.

On sait maintenant que les comptes d'actif augmentent au débit et que les comptes de passif augmentent au crédit. Cela a une conséquence directe sur la nature de leurs soldes respectifs.

– Le compte « Matériel » à l'Actif enregistre ses acquisitions au débit. On peut envisager (cas limite) que ce compte ait un solde nul. Mais il est impossible que les sorties de matériel dépassent les entrées : on ne peut « sortir » que ce qu'on possède. Le compte « Matériel » sera toujours débiteur.

– Le compte « Emprunt » au Passif augmente au crédit. Le niveau des emprunts peut tomber à zéro. Mais il ne peut être négatif : les remboursements ne peuvent pas être supérieurs à la somme empruntée. Le compte « Emprunt » sera toujours créditeur.

Les comptes d'Actif ont des soldes débiteurs
Les comptes de Passif ont des soldes créditeurs

Actif	BILAN	Passif
Comptes débiteurs		Comptes créditeurs
+ | −		− | +

CHAPITRE III

LE RÉSULTAT : OÙ ? COMMENT ?

OÙ APPARAÎT-IL ?

Deux mois après le lancement de PIZZADOMI, le Bilan se présente ainsi :

Actif	BILAN n° 3	Passif
	Capital	50 000
	Dettes	22 000
		72 000
92 000		
	20 000	

On vérifie : Actif = Passif = 92 000. Mais, au Passif de ce Bilan, le capital et les dettes ne représentent que 72 000 €. En mobilisant 72 000 € de ressources **externes,** PIZZADOMI est parvenue à constituer un Actif de 92 000 €.

Une nouvelle ressource est apparue, de 20 000 €, qui n'est ni un apport de capital ni une dette.

Ces 20 000 € d'écart RÉSULTENT de l'exploitation de l'entreprise. PIZZADOMI s'est enrichie par elle-même.

Elle a réalisé un résultat positif de 20 000 €.

Les comptes d'Actif totalisent des soldes débiteurs pour 92 000 €. Ils ont forcément une contrepartie dans des comptes créditeurs au Passif.

Il s'ensuit qu'un nouveau compte créditeur est apparu, dont le solde se monte à 20 000 €. C'est le compte « Résultat ».

Poste du Passif, le « Résultat » est un compte créditeur, à l'image de tous les comptes de Passif.

D –	RÉSULTAT + C
	20 000 S.Cr

Ce résultat provient de certaines opérations. Or, les premières opérations de PIZZADOMI (cf. chapitre I) ne créaient pas de résultat. Il est temps d'identifier le type d'opérations qui modifie le résultat, en augmentation ou en diminution.

COMMENT NAÎT-IL ?

DES OPÉRATIONS QUI RÉDUISENT LE RÉSULTAT

– Règlement de frais de personnel, par chèques : 18 000 €.
– Règlement d'une facture EDF, par virement bancaire : 1 000 €.
– Achats de matières, payées par chèque n° 612069 : 10 000 € (elles ont toutes été consommées, de sorte que le niveau du stock reste identique d'un bilan à l'autre).

Ces trois opérations, réglées au comptant, vont s'inscrire au crédit de « Banque ». Mais au débit de quels comptes ?

Ces dépenses payent des matières ou des services « digérés » par l'activité de l'entreprise, non conservés par elle. Elles ne font donc rien rentrer dans l'Actif.

Frais de personnel. Le versement d'un salaire ne sert pas à acquérir un élément du patrimoine : le salarié n'est pas un esclave dont on pourrait inventorier la « valeur » à côté de celle des machines ! Le salaire paye un service rendu. Le poste « Salaires » ne peut pas figurer à l'Actif.

Electricité. Le chèque à l'EDF ne finance pas une acquisition durable, mais une énergie consommée. Il en irait autrement si l'entreprise achetait un groupe électrogène pour produire son électricité : la machine figurerait à l'Actif. Mais le poste « EDF » n'est pas inscrit à l'Actif.

Matières. Si l'entreprise achetait un stock de matières pour le conserver en l'état, celui-ci aurait sa place à l'Actif. Mais les matières achetées ont été transformées : leur valeur ne peut apparaître dans le patrimoine. Seul le stock restant a droit de cité à l'Actif. Le poste « Achats de matières » ne sera pas inscrit à l'Actif.

L'Actif du Bilan ne peut pas inclure des services ou des matières déjà consommés.

La distinction entre un élément du patrimoine et une consommation est fondamentale dans la comptabilité générale. Vous achetez une camionnette : elle rentre dans l'Actif du Bilan. Vous recourez au service d'un transporteur : c'est une consommation. C'est la même différence pour un ménage entre l'achat d'un salon Louis XV (patrimoine) et le remplissage d'un caddy au supermarché (consommation) : l'un est durable, l'autre pas...

La comptabilité générale fait cette distinction :
— L'acquisition d'éléments d'Actif n'affecte pas le résultat : on peut toujours revendre un terrain, une machine, un stock... L'Actif est assimilé à un portefeuille constitué de différents placements.
— A l'inverse, les consommations font baisser le résultat : certes, elles sont indispensables à l'activité de l'entreprise, mais au moment où elles sont constatées, les consommations représentent un appauvrissement net de l'entreprise.

Nos trois opérations donneront donc lieu à une écriture du type :

D +	BANQUE	– C	D –	RÉSULTAT	+ C
		X	X		

ou

D –	DETTES	+ C	D –	RÉSULTAT	+ C
		Y	Y		

DES OPÉRATIONS QUI AUGMENTENT LE RÉSULTAT

– Ventes de produits : 49 000 €, dont 40 000 € en chèques, et 9 000 € à crédit.

Cette opération correspond à une recette. Elle se retrouve au débit de « Banque » pour 40 000 €, et au débit d'un autre compte d'Actif « Clients » (créances de l'entreprise sur ses clients) pour 9 000 €.

Et au crédit de quel compte ? Les 49 000 € de ventes de l'entreprise sont des produits de l'activité de l'entreprise. Ils viennent augmenter le « résultat », et figureront donc au crédit du compte « Résultat ».

La comptabilité générale fait donc cette distinction :
– Les ressources en provenance de tiers (apporteurs de capitaux ou prêteurs) ne procèdent pas de l'activité de l'entreprise : elles sont neutres quant à son résultat.
– Seuls les produits de l'activité viennent augmenter le « résultat » en son crédit.

Une opération génératrice de résultat sera donc du type :

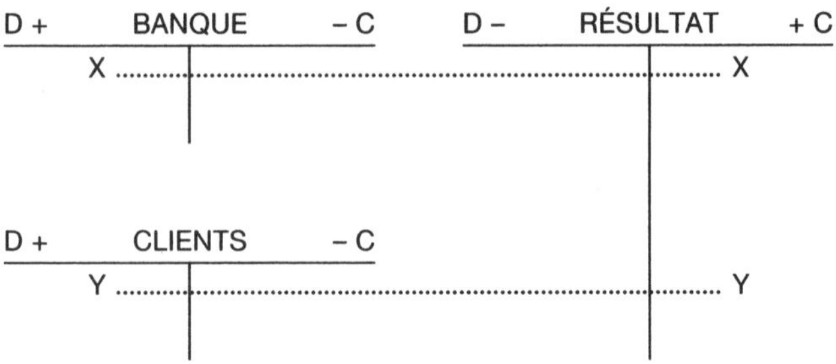

LA SOLUTION COMPTABLE

Reprenez les quatre opérations ci-dessus et passez-les dans les comptes suivants, sans oublier de reporter leurs soldes initiaux.

Présentez ensuite le Bilan n° 3 détaillé par poste.

→ FAITES-LE VOUS-MÊME

D +	– C
....	....
....	....
....	....
....	....
....	....
....	....
....	....

D –	RÉSULTAT	+ C
....		....
....		....
....		....
....		....
....		....
....		....
....		....

D +	– C
....	....
....	....
....	....

Actif	BILAN n° 3	Passif
....		....
....		....
....		....
....		....
....		....
....		....
....		....
....		....

Solution en fin de chapitre

RÉSUMÉ

1. Une « dépense » (payée au comptant avec « Banque », « Caisse », ou faite à crédit, avec « Dettes fournisseurs ») peut avoir deux objets : l'acquisition d'un élément d'Actif ou la constatation d'une consommation. Seule cette dernière affecte le « résultat » (en diminution, au débit).

2. Une « recette » (immédiate ou à terme) peut découler de deux types de ressources : ressource externe à l'entreprise (apporteurs et prêteurs), ressource interne (produits de l'activité). Seuls ces produits affectent le « résultat » (en augmentation, au crédit).

3. Le « Résultat » est un compte de Passif, qui enregistre au débit les consommations, au crédit les produits. Ses contreparties figurent dans les comptes de trésorerie, ou dans les comptes de créances et dettes.

➔ SOLUTIONS DE FAITES-LE VOUS-MÊME

Exercice de la page 41

D +	BANQUE		– C
solde	12 000		
		18 000	person.
		1 000	EDF
		10 000	matières
ventes	40 000		
		23 000	**solde Dr**
	52 000	52 000	

D –	RÉSULTAT		+ C
person.	18 000		
EDF	1 000		
matières	10 000		
		49 000	ventes
solde Cr	**20 000**		
	49 000	49 000	

D +	CRÉANCES CLIENTS		– C
ventes	9 000		
		9 000	**solde Dr**
	9 000	9 000	

Actif	BILAN n° 3		Passif
Installations	34 000	Capital	50 000
Droit au bail	15 000		
Mat. de transport	7 000	Résultat	20 000
Stock	1 500		
Créances clients	9 000	Emprunt	12 000
Banque	23 000	Dettes fournisseurs	10 000
Caisse	2 500		
	92 000		92 000

→ TESTEZ VOS CONNAISSANCES

— L'achat d'un local augmente le résultat	VRAI	FAUX
— Les intérêts de l'emprunt diminuent le passif	VRAI	FAUX
— Le règlement de notre dette à un fournisseur augmente le résultat	VRAI	FAUX
— L'acquisition d'une machine à écrire diminue le résultat	VRAI	FAUX
— Le versement par nous d'un loyer augmente l'Actif	VRAI	FAUX
— L'achat d'un standard téléphonique est une consommation	VRAI	FAUX
— Le paiement de la facture du téléphone est une consommation	VRAI	FAUX
— Les intérêts sur compte d'épargne augmentent le résultat	VRAI	FAUX
— Le règlement de sa créance par un client augmente l'Actif	VRAI	FAUX
— Les ventes augmentent le Capital	VRAI	FAUX
— L'achat d'un timbre fiscal est une consommation	VRAI	FAUX
— L'achat d'actions boursières est une consommation	VRAI	FAUX

Pour vous aider, vous pouvez remplir un tableau de ce type :

Opération	Compte à débiter A ou P	Compte à créditer A ou P	Incidence sur le « Résultat » OUI (+ ou –) / NON

Solution en fin de livre

CHAPITRE IV

COMPTES DE BILAN ET COMPTES DE GESTION

A PARTIR DU « RÉSULTAT », UNE NOUVELLE SÉRIE DE COMPTES

Tous les comptes utilisés jusqu'alors sont des comptes de « Bilan », qui enregistrent les variations des postes de l'Actif ou du Passif.

Parmi les comptes de Bilan, le compte de « Résultat » a un statut particulier.

Chez PIZZADOMI, le compte « Résultat » s'est établi ainsi :

D –		RÉSULTAT	+ C
frais de personnel	18 000		
EDF	1 000		
matières consommées	10 000		
		49 000	ventes
solde Cr	20 000		
	49 000	49 000	

Cette présentation est trop grossière. Elle ne permet pas d'avoir un état de chaque type de consommation et de chaque type de produit.

Par exemple, les frais de personnel reviennent douze fois dans l'année : s'ils sont noyés dans la masse des consommations, au fur et à mesure de leur imputation chronologique, le montant annuel de ces frais n'apparaîtra nulle part dans la comptabilité. De même pour les consommations d'énergie ou de matières.

Or, il est indispensable d'avoir un récapitulatif précis des consommations pour chacune d'entre elles, selon leur nature. De même pour les produits.

On va donc faire correspondre un compte à chaque ligne du « Résultat ».

« Frais personnels » devient un nouveau compte, ainsi que « EDF », « Achats de matières », et « Ventes de produits ».

Ainsi naît une nouvelle série de comptes :
— les comptes de Charges correspondent aux diminutions du « Résultat » (consommations);
— les comptes de Produits correspondent aux augmentations du « Résultat ».

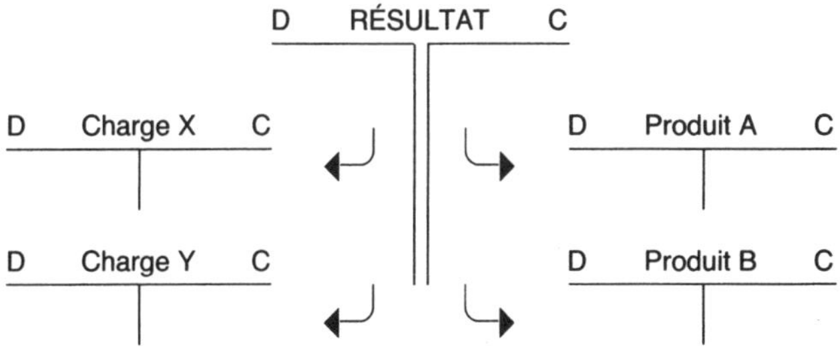

Le compte de « Résultat » ne sera plus imputé directement. Les opérations le concernant transiteront par les comptes de charges et de produits.
— On débitera un compte de Charges, au lieu de débiter « Résultat ».
— On créditera un compte de Produits, au lieu de créditer « Résultat ».

Reprenez les opérations du chapitre 3 et passez-les dans les comptes de charges et de produits :

→ FAITES-LE VOUS-MÊME

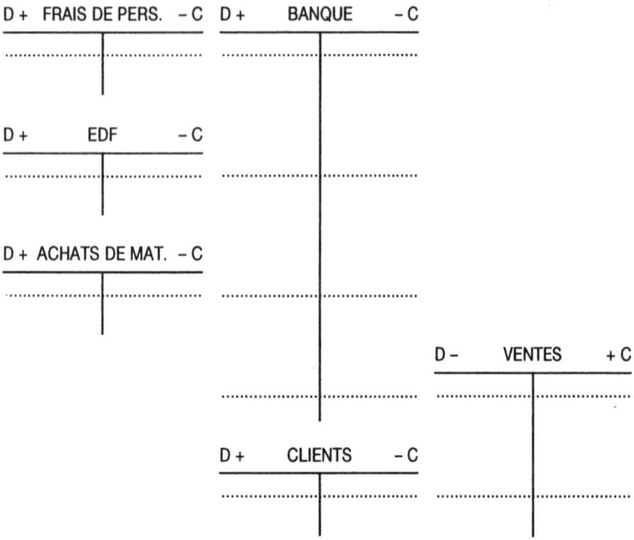

Solution en fin de chapitre

Les comptes de charges et de produits forment une nouvelle série de comptes, dits « comptes de gestion ». Ils fonctionnent selon le schéma suivant :

LA DOUBLE FORME DU « RÉSULTAT »...

Le « Résultat » est d'abord apparu comme un compte de Passif : c'est la ressource de l'entreprise liée à sa propre activité, non à des apports externes.

D –	RÉSULTAT	+ C

Voici que le « Résultat » prend une autre forme : celle d'un document qui fait la synthèse des comptes de gestion, charges et produits. Chaque compte de gestion devient un poste.

Charges		RÉSULTAT	Produits
Achats de mat.	10 000	Ventes	49 000
EDF	1 000		
Personnel	18 000		
Bénéfice	20 000		
	49 000		49 000

Le Bénéfice apparaît comme différence entre Produits et Charges. Il figure du côté le plus petit, celui des charges, pour équilibrer les deux colonnes. A l'inverse, une perte s'inscrit du côté des Produits.

Résultat = Produits – Charges

Le « Résultat » désigne donc deux états : il est un compte de Bilan (Passif), et il est un document de synthèse des comptes de gestion. Comment passe-t-on de l'un à l'autre ?

DU DOCUMENT « RÉSULTAT » AU COMPTE « RÉSULTAT »

Quotidiennement, l'entreprise utilise les comptes de Charges et de Produits. Périodiquement, elle mesure son résultat, en établissant le document de synthèse des charges et produits.

Avec la même périodicité, elle établit son Bilan. Au Passif, le résultat doit apparaître comme le solde du compte « Résultat ».

Comment passer des comptes de Charges et de Produits à un compte unique de Passif ?

La réponse découle encore de la règle d'or de la comptabilité : la partie double permet de regrouper plusieurs comptes en un seul, par des écritures de virement.

— On solde les comptes de charges en les créditant, par le débit de « Résultat ».

— On solde les comptes de produits en les débitant, par le crédit de « Résultat ».

→ FAITES-LE VOUS-MÊME

D + ACHATS DE MAT.	- C
solde 10 000	
	....

D - RÉSULTAT	+ C
....	....
....	
....	
S. Cr	
....	....

D + VENTES	- C
	49 000 solde
....	

D + EDF	- C
solde 1 000	
	....

D + FRAIS DE PERS.	- C
solde 18 000	
	....

Solution en fin de chapitre

On constate donc qu'au terme des opérations de regroupement des charges et des produits dans le compte « Résultat » du Passif, les comptes de gestion sont soldés : le « compteur » des charges et des produits est remis à zéro périodiquement.

RÉSUMÉ

1. Toutes les opérations sont enregistrées dans les comptes de Gestion (Charges et Produits) et dans les comptes de Bilan (Actif et Passif).

2. Périodiquement, le document de synthèse Résultat est établi : Charges et Produits apparaissent comme des postes. La différence de leur total respectif détermine le bénéfice ou la perte.

3. Afin de dresser ensuite le Bilan, tous les comptes de gestion sont soldés dans le compte « Résultat » du Passif.

→ SOLUTIONS DE FAITES-LE VOUS-MÊME

Exercice de la page 48

FRAIS DE PERS.

D +	− C
18 000	

EDF

D +	− C
1 000	

ACHATS DE MAT.

D +	− C
10 000	

BANQUE

D +	− C
	18 000
	1 000
	10 000
40 000	

CLIENTS

D +	−
9 000	

VENTES

D −	+ C
	40 000
	9 000

ACHATS DE MAT.

D +	− C
solde 10 000	10 000 vire.

EDF

D +	− C
solde 1 000	1 000 vire.

FRAIS DE PERS.

D +	− C
solde 18 000	18 000 vire.

RÉSULTAT

D −	+ C
vire. 10 000	49 000 vire.
vire. 1 000	
vire. 18 000	
S. Cr 20 000	
49 000	49 000

VENTES

D +	− C
vire. 49 000	49 000 solde

→ TESTEZ VOS CONNAISSANCES

La société Alain VERSE distribue des produits de grande consommation. La rotation de ces produits est assez rapide et leur valeur assez faible pour qu'on puisse considérer qu'il n'y a pas de stock, et que tous les articles achetés sont immédiatement revendus.

ACTIF	BILAN AU 1er MARS		PASSIF
Fonds de commerce	15 000	Capital	35 000
Installations	9 000	Résultat	– 6 000
Matériel de transport	20 000		
Matériel de bureau	3 000	Emprunt	20 000
Clients	2 000	Fournisseurs	5 000
Compte à terme	1 000	Sécurité sociale	1 000
Banque	3 500		
Caisse	1 500		
	55 000		55 000

Pourquoi le poste « Résultat » est-il affecté du signe négatif ? Quelle est donc la nature du solde de ce compte ?

Voici les opérations réalisées en mars.

a) Achats de marchandises à crédit : 5 400 €.
b) Règlement de la créance sur client, par virement bancaire.
c) Remboursement de l'emprunt, 4 000 € et intérêts de 280 €.
d) Ventes de la quinzaine : 16 890 €, dont 4 230 € en chèques.
e) Dépôt d'espèces (la moitié de la caisse) en banque.
f) Paiement de fournisseurs : 6 320 €.
g) Achats de fournitures pour entretien du magasin : 560 € en espèces.
h) Vidange du véhicule : 290 € par carte bancaire.
i) Ventes de la quinzaine : 14 570 €, dont 12 180 € en espèces.
j) Achat de présentoirs : 2 400 € par chèque, et d'une enseigne pour 4 000 € à crédit.

Enregistrez ces opérations dans les comptes. Un conseil : utilisez quatre feuilles, une par « famille » de comptes (Actif, Passif, Charges, Produits).

Soldez les comptes.

Présentez le Résultat, document de synthèse des Charges et Produits.

Virez les Charges et Produits dans le compte « Résultat » du Passif.

Présentez le Bilan.

Solution en fin de livre

Le point sur…

QUELQUES OPÉRATIONS COURANTES

Certaines opérations courantes mettent en jeu des comptes de Bilan exclusivement, d'autres affectent des comptes de Bilan et de Gestion.

OPÉRATIONS QUI NE CONCERNENT QUE DES COMPTES DE BILAN

– Remboursement d'emprunt bancaire (Actif et Passif diminuent)

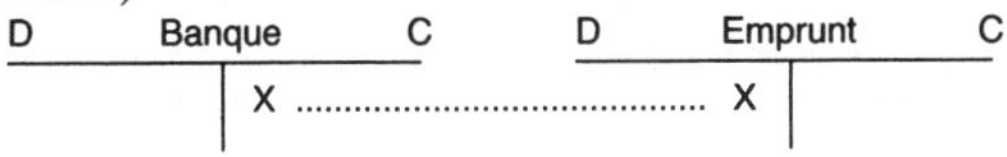

– Acquisition d'une immobilisation à crédit (Actif et Passif augmentent)

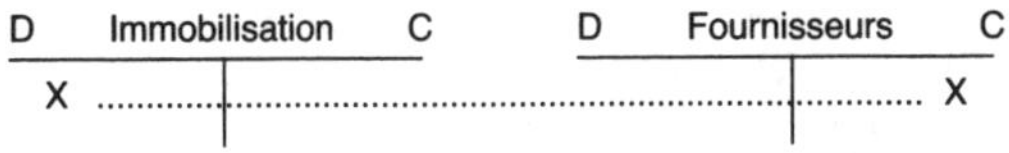

– Règlement d'un client (Actif et Passif inchangés)

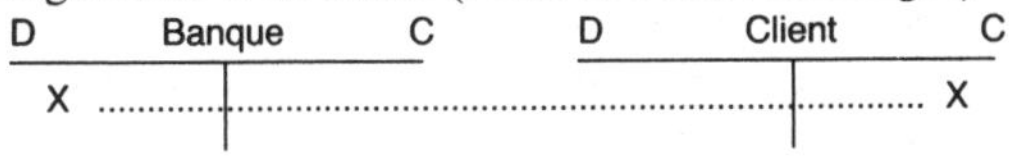

**OPÉRATIONS QUI CONCERNENT
DES COMPTES DE BILAN ET DE GESTION**

COMPTES DE GESTION — COMPTES DE BILAN

— Achats au comptant

— Salaires à verser

— Ventes à crédit

LE CAS TYPIQUE

— Le plus souvent, la constatation d'une charge a pour contrepartie une écriture dans un compte de dette, même s'il est prévu d'effectuer le règlement au comptant. Deux raisons à cela : 1. il s'écoule toujours quelques jours entre le moment où la facture est reçue et celui où le règlement est émis; 2. il est utile de garder la trace du chiffre concernant chaque type de dette ou chaque fournisseur.

Par exemple, à la réception de la facture, on passera débit de « Achats » par crédit de « Fournisseurs ». Lors du règlement, on imputera débit de « Fournisseurs » (annulation de la dette) par crédit de « Banque ».

Ce raisonnement a son symétrique pour les produits. Par exemple : 1. à la vente, débit de « Créances clients » par crédit de « Ventes »; 2. au règlement, crédit de « Créances clients » (annulation de la créance) par débit de « Banque ».

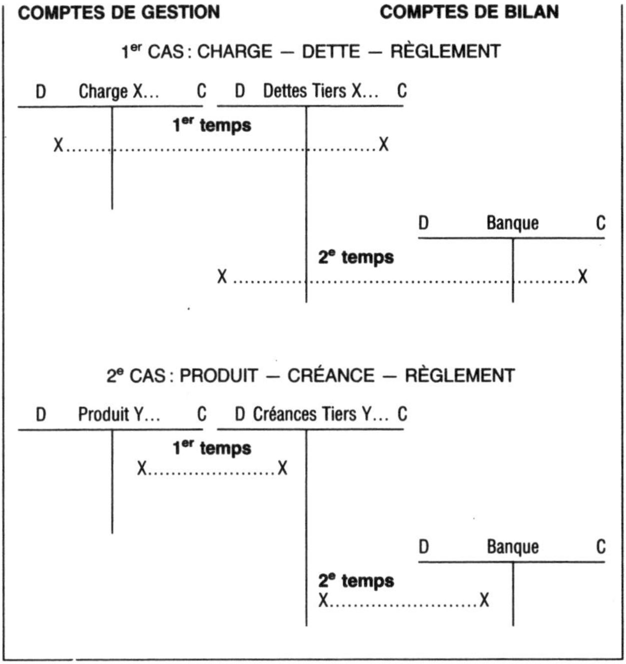
COMPTES DE GESTION
COMPTES DE BILAN
1er CAS : CHARGE – DETTE – RÈGLEMENT
D Charge X... C
D Dettes Tiers X... C
1er temps
X..........X
D Banque C
2e temps
X..........X
2e CAS : PRODUIT – CRÉANCE – RÈGLEMENT
D Produit Y... C
D Créances Tiers Y... C
1er temps
X..........X
D Banque C
2e temps
X..........X

CHAPITRE V

LE SYSTÈME COMPTABLE

LA COMPTABILITÉ REMPLIT TROIS FONCTIONS

— **Elle est un outil de gestion.**
Au niveau le plus élémentaire, elle permet de suivre l'évolution des différents postes. La comptabilité générale fournit les informations nécessaires à l'analyse financière et à l'analyse de rentabilité.

— **Elle est un moyen de preuve juridique.**
Elle garde la trace des opérations effectuées, aidée en cela par la conservation de pièces justificatives. Elle offre un moyen d'information pour les éventuels apporteurs de capitaux.

— **Elle est un auxiliaire fiscal.**
L'imposition des entreprises est assise sur leur résultat.

Si le principe de la partie double s'est généralisé à partir du Moyen Age, l'harmonisation des comptabilités privées est une réalisation moderne. Cette harmonisation s'est imposée pour plusieurs raisons :

— **Une nécessité pratique de lisibilité des comptes.** La conformation des comptabilités privées à un même modèle les rend compréhensibles. De plus, elle facilite l'enseignement de la comptabilité et la diffusion des techniques comptables.

— **Une nécessité économique et statistique.** Le premier Plan comptable général en France a été adopté en 1947, en même temps que se mettait en place un système de comptabilité nationale. Celle-ci procède par agrégation des données des comptabilités privées. Exemple : le PIB (produit intérieur brut) = la somme des valeurs ajoutées des entreprises.

— **Plus récemment, l'intégration européenne** a conduit à rapprocher les systèmes comptables. Elle est à l'origine de la mise en œuvre en France d'un nouveau plan comptable depuis 1982.

Le système comptable est donc évolutif. On en trouve les bases dans deux documents qui s'imposent à tous :
— Le Plan comptable général (PCG), approuvé par arrêté du Ministère de l'Economie et des Finances;
— Le Code de Commerce, modifié par le législateur.

Par exemple, l'article 8 du Code de Commerce énonce plusieurs obligations :

« Toute personne physique ou morale ayant la qualité de commerçant doit procéder à l'enregistrement comptable des mouvements affectant le patrimoine de son entreprise; ces mouvements sont enregistrés chronologiquement.

Elle doit contrôler par inventaire, au moins une fois tous les douze mois, l'existence et la valeur des éléments actifs et passifs du patrimoine de l'entreprise.

Elle doit établir des comptes annuels à la clôture de l'exercice au vu des enregistrements comptables et de l'inventaire. Ces comptes annuels comprennent le bilan, le compte de résultat et une annexe; ils forment un tout indissociable. »

LES LIVRES DE COMPTABILITÉ

Nous avons travaillé jusqu'ici directement sur les comptes, avec un tracé simplifié, en « T ». On peut se représenter le compte comme une page (papier ou écran) avec plusieurs colonnes : date, libellé de l'opération, Débit, Crédit. Autant de pages que de comptes. L'ensemble des comptes forme le **GRAND-LIVRE** des comptes.

L'imputation dans les comptes est une activité assez longue. De plus, chaque opération se trouve « dispersée » entre plusieurs comptes, et on en perd vite la trace.

C'est pourquoi on utilise un livre qui prépare l'imputation dans les comptes : le **LIVRE-JOURNAL**.

On y enregistre, les unes à la suite des autres, toutes les opérations. A gauche les comptes débités, à droite les comptes crédités.

→ FAITES-LE VOUS-MÊME

Complétez le journal suivant pour ces opérations :

- 18/06 emprunt à la banque de 250 000 €.
- 19/06 ventes de la semaine, 20 000 € à crédit, 10 000 € par chèques.
- 20/06 un client nous règle pour 5 600 €.
- 21/06 retrait d'espèces pour 2 000 €.
- 24/06 acquisition d'une camionnette, 30 000 € dont 20 000 € comptant.

N°	INTITULÉ	DÉBIT	CRÉDIT
	17/06/20..		
	Achats de marchandises	10 000	
	Fournisseurs		10 000
	18/06/20..		
	....	....	
	....		....
	19/06/20..		
	....	....	
	....	....	
	....		....
	20/06/20..		
	....	....	
	....		....
	21/06/20..		
	....	....	
	....		....
	24/06/20..		
	....	....	
	....		....
	....		....

Solution en fin de chapitre

Au moins une fois par mois, ces écritures du Journal sont reportées dans les comptes concernés, c'est-à-dire dans le Grand-Livre.

Un troisième livre, le **LIVRE D'INVENTAIRE**, contient les documents de synthèse, et d'autres informations.

LE PLAN DE COMPTES

Le Plan comptable général traite des règles générales de l'enregistrement, de la nature des livres à tenir, de l'établissement des documents de synthèse, de la comptabilité analytique, etc.

Il contient aussi un plan de comptes, auquel le PCG est souvent et abusivement réduit. Cette liste de comptes est l'auxiliaire précieux du comptable qui y trouve les intitulés à utiliser.

Procurez-vous un plan de comptes, auprès d'un comptable ou dans une librairie.

Ci-après, nous avons seulement reproduit le « cadre comptable ». Le plan de comptes est beaucoup plus détaillé que le cadre comptable ; c'en est un développement.

Les comptes sont regroupés en **CLASSES**, et numérotés selon une codification décimale.

Les classes 1 à 5 concernent exclusivement les comptes de Bilan. A noter que la classe 4 des comptes de tiers est la seule à regrouper des comptes d'Actif (comptes débiteurs, créances) et de Passif (comptes créditeurs, dettes).

Actif	BILAN	Passif
2. Immobilisations		1. Capitaux
3. Stocks		
4. Tiers		4. Tiers
5. Financiers		

Les comptes de Gestion sont répartis entre la classe 6 (Charges) et la classe 7 (Produits).

Charges	RÉSULTAT	Produits
6. Charges		7. Produits

La codification du PCG va jusqu'à cinq chiffres.

Ainsi, on peut donc utiliser le plan de comptes avec différents niveaux de précision.

Le PCG a prévu trois systèmes, du plus simple au plus complexe, pour la tenue des comptes :

— Le système de base est le système de référence.

— Un système abrégé (moins de comptes) est utilisable par les entreprises dont le total du Bilan, le chiffre d'affaires et le nombre moyen de salariés ne dépassent pas certains seuils.

— Un système développé, facultatif, permet à l'entreprise d'utiliser toutes les ressources des subdivisions des comptes.

Le PCG est un guide imposé. Toutefois, il doit être adapté à l'entreprise. Celle-ci élabore son plan de comptes.

Par exemple, elle peut souhaiter tenir un compte particulier pour chaque client. Or, le PCG n'indique que : 411 « Clients ». Il revient à l'entreprise de créer autant de comptes « Client » personnalisés que de besoin, avec une codification du type : 411.001, 411.002, 411.003, etc.

Le plan de comptes d'entreprise dépend aussi de la nature de ses activités. Il existe plusieurs dizaines de « guides professionnels » allant jusqu'à la définition de comptes complémentaires spécifiques à la profession. Par exemple, le Plan professionnel (système développé) de l'Imprimerie et des industries graphiques a adapté ainsi le compte 601 :

601, Achats stockés - matières premières et fournitures
6011, Papiers et cartons d'impression - carbones
6012, Autres supports d'impression (matières plastiques, métaux, etc.)
6013, Encres, vernis et solvants
6014, Autres matières de finition (colle, fils, textiles, toiles, etc.)
6017, Fournitures A, B, C.

LE CADRE COMPTABLE DU PLAN

COMPTABILITÉ GÉNÉRALE			
COMPTES DE BILAN			
Classe 1	Classe 2	Classe 3	Classe 4
Comptes de capitaux (capitaux propres, emprunts et dettes assimilées)	Comptes d'immobilisations	Comptes de stocks et en-cours	Comptes de tiers
10. Capital et réserves	20. Immobilisations incorporelles	30.	40. Fournisseurs et comptes rattachés.
11. Report à nouveau	21. Immobilisations corporelles	31. Matières premières (et fournitures).	41. Clients et comptes rattachés.
12. Résultat de l'exercice.	22. Immobilisations mises en concession.	32. Autres approvisionnements	42. Personnel et comptes rattachés.
13. Subventions d'investissement.	23. Immobilisations en cours	33. En-cours de productions de biens	43. Sécurité sociale et autres organismes sociaux.
14. Provisions réglementées.	24.	34. En-cours de production de services.	44. Etat et autres collectivités publiques.
15. Provisions pour risques et charges.	25. Parts dans des entreprises liées.	35. Stocks de produits.	45. Groupe et associés.
16. Emprunts et dettes assimilées.	26. Participations et créances rattachées à des participations.	36. Stocks provenant d'immobilisations.	46. Débiteurs divers et créditeurs divers.
17. Dettes rattachées à des participations.	27. Autres immobilisations financières	37. Stocks de marchandises.	47. Comptes transitoires ou d'attente.
18. Comptes de liaison des établissements et sociétés en participation.	28. Amortissements des immobilisations	38. Stocks en voie d'acheminement.	48. Comptes de régularisation.
	29. Provisions pour dépréciation des immobilisations.	39. Provisions pour dépréciation des stocks et en-cours.	49. Provisions pour dépréciation des comptes de tiers.

	COMPTES DE GESTION	
Classe 5	Classe 6	Classe 7
Comptes financiers	Comptes de charges	Comptes de produits
50. Valeurs mobilières de placement.	60. Achats (sauf 603) 603. Variation des stocks (approvisionnements et marchandises)	70. Ventes de produits fabriqués, prestations de services et de marchandises.
51. Banques, établissements financiers et assimilés.	61. Services extérieurs.	71. Production stockée (ou déstockage).
52. Instruments de trésorerie.	62. Autres services extérieurs.	72. Production immobilisée.
53. Caisse.	63. Impôts, taxes et versements assimilés.	73.
54. Régies d'avances et accréditifs.	64. Charges de personnel.	74. Subventions d'exploitation.
55.	65. Autres charges de gestion courante.	75. Autres produits de gestion courante.
56.	66. Charges financières.	76. Produits financiers.
57.	67. Charges exceptionnelles.	77. Produits exceptionnels.
58. Virements internes.	68. Dotations aux amortissements et provisions.	78. Reprises sur amortissements et provisions
59. Provisions pour dépréciation des comptes financiers.	69. Participation des salariés, impôts sur les bénéfices et assimilés.	79. Transfert de charges.

LES DOCUMENTS DE SYNTHÈSE

Les documents de synthèse sont au nombre de trois : le Résultat, le Bilan et l'Annexe. Ils sont établis au moins une fois à la clôture de l'exercice comptable.

L'Annexe, comme son nom l'indique, vient en complément du Résultat et du Bilan, pour en faciliter l'interprétation. « *Est requise la production de toute information susceptible d'influencer le jugement que les destinataires des documents peuvent porter sur le patrimoine, la situation financière et les résultats de l'entreprise* » (PCG 1982).

L'Annexe a donc la forme d'un dossier contenant des informations indispensables à l'analyse des documents de synthèse : récapitulatif des entrées et sorties d'immobilisations, état des amortissements et provisions, contenu du portefeuille de titres, état des créances et dettes à la clôture de l'exercice, affectations du Résultat, liste des sociétés dans laquelle la société détient au moins 10 % des actions, etc.

Le Résultat, le Bilan et une partie des informations de l'Annexe figurent dans la **« liasse fiscale »,** document normalisé remis par l'entreprise au Trésor, pour justifier de sa situation fiscale. D'un contenu fourni, la « liasse fiscale » est devenue un instrument de travail des analystes financiers (notamment dans les organismes de crédit) pour juger de la position d'une entreprise.

RÉSUMÉ

1. L'enregistrement implique la tenue de *livres de comptabilité,* Journal et Grand-Livre en particulier.

2. A cette fin, l'entreprise utilise son *plan de comptes,* conforme au Plan comptable général, mais adapté à ses besoins.

3. Chaque exercice comptable est clos par l'établissement des *documents de synthèse.*

4. Les travaux préparant ces documents constituent l'*inventaire* (chapitre suivant).

→ SOLUTIONS DE FAITES-LE VOUS-MÊME

Exercice de la page 62

N°	INTITULÉ		DÉBIT	CRÉDIT
	17/06/20..			
	Achats de marchandises		10 000	
		Fournisseurs		10 000
	18/06/20..			
	Banque		250 000	
		Emprunt		250 000
	19/06/20..			
	Clients		20 000	
	Banque		10 000	
		Ventes		30 000
	20/06/20..			
	Banque		5 600	
		Clients		5 600
	21/06/20..			
	Caisse		2 000	
		Banque		2 000
	24/06/20..			
	Matériel de transport		30 000	
		Banque		20 000
		Fournisseurs		10 000

Le point sur...
LA BALANCE

La balance des comptes est un outil de contrôle des comptes avant l'établissement des documents de synthèse.

N°	INTITULÉS	MOUVEMENTS		SOLDES	
		DÉBITS	CRÉDITS	DÉBITEURS	CRÉDITEURS
	TOTAUX	MD = MC		SD = SC	

Si le principe de la partie double a été respecté (pour chaque opération mouvement Débit = mouvement Crédit), la balance établit forcément la double égalité :

Total Débits = Total Crédits
Total soldes débiteurs = Total soldes créditeurs

Les comptes sont rangés dans l'ordre croissant de leur numérotation, du premier compte de la classe 1 au dernier compte de la classe 7.

Ladite « balance de clôture » se présente avec les seuls comptes de Bilan : les comptes de Gestion ayant été soldés, par virement dans le compte 12 « Résultat », celui-ci fait son apparition dans la balance où il remplace tous les comptes de Gestion.

Enfin, par commodité, il arrive que la balance soit présentée avec les seules colonnes de soldes.

➔ TESTEZ VOS CONNAISSANCES

Pour chacun de ces comptes, indiquez sa classe. Et après seulement, cherchez son numéro dans le PCG.

	CLASSE	N°
Fournisseurs d'immobilisations		
Emprunt		
Subventions d'exploitation		
Dépôts et cautionnements versés		
Cotisations à l'URSSAF		
Autres organismes sociaux		
Stocks de marchandises		
Titres de participation		
Cadeaux à la clientèle		
Subventions d'investissement		
Transports collectifs du personnel		
Valeurs mobilières de placement		
Réceptions		
Impôt sur les bénéfices		
Etat, impôt sur les bénéfices		

Solution en fin de livre

CHAPITRE VI

L'INVENTAIRE

L'inventaire désigne un ensemble de travaux réalisés en fin d'exercice, préalablement à la clôture des comptes et à l'établissement des documents de synthèse.

Vous devez connaître certains de ces travaux, pour savoir « lire » un Résultat et un Bilan.

LES AMORTISSEMENTS

Une machine achetée pour 60 000 € au 1/1/20-N ne peut pas rester inscrite à cette valeur dans le bilan du 31/12/20-N, car elle s'est dépréciée. Supposons qu'elle a perdu 15 % de sa valeur d'origine, soit 9 000 €. Sa valeur nette n'est plus que de 51 000 €.

La plupart des immobilisations subissent une dépréciation imputable à leur exploitation par l'entreprise.

L'amortissement constate la dépréciation des immobilisations.

La dépréciation d'un élément d'Actif s'enregistre logiquement au crédit d'un compte d'Actif.

Et au débit de quel compte ?

La dévalorisation de notre machine correspond à son usure. Et la valeur « perdue » par la machine a été incorporée aux produits qu'elle a fabriqués.

Cette dépréciation est donc assimilable à une consommation : l'entreprise « consomme » chaque année une partie des immobilisations, comme elle consomme des matières, des services, etc.

Ainsi, il est logique que l'amortissement figure aussi dans les charges. Un compte de charge est réservé aux amortissements (et provisions) : 68 Dotations aux amortissements et aux provisions.

La comptabilisation de l'amortissement consiste donc à constater :

Débit d'un compte de charge par crédit d'un compte d'Actif.

La solution trop simple...

D 68 Dotations Amortis.	C	D 2154 Matériel industriel	C
9 000		S.I. 60 000	9 000
			51 000 S.D.
		60 000	60 000

La solution ci-dessus est cohérente. Mais elle présente un inconvénient pour le compte d'immobilisation : au fur et à mesure que les amortissements sont constatés, d'année en année, le compte voit son solde diminuer et on perd la trace de la valeur d'origine de l'immobilisation.

On a donc cherché une solution qui permette 1) de faire apparaître la valeur nette des immobilisations à l'Actif, 2) sans imputer les amortissements au crédit des comptes d'immobilisations.

La bonne solution...

D 68 Dotations Amortis.	C	D 28154 Amortissement du Matériel industriel	C
9 000			9 000

A chaque compte d'immobilisation amortissable, correspond un compte d'amortissement : 28... (le chiffre 8 en deuxième rang).

Ces comptes 28... sont des comptes d'Actif, mais ils sont créditeurs : ils fonctionnent en sens inverse des comptes de leur classe, ils figureront donc à l'Actif en soustraction des comptes d'immobilisation. D'où la présentation de l'Actif en colonnes.

→ FAITES-LE VOUS-MÊME

Complétez cet extrait d'Actif à partir de l'exemple de la machine

Actif	Brut	Amortissements Provisions	Net
Matériel industriel	....	....	....

L'année suivante, au 31/12/20-N+1, la machine est encore amortie du même montant. L'extrait d'Actif deviendra à cette date :

Actif	Brut	Amortissements Provisions	Net
Matériel industriel	....	....	....

Quel sera le solde du compte « Amortissement du matériel industriel » au 31/12/20-N+3 ?

En combien d'années le matériel sera-t-il complètement amorti ?

A quelle date et pour quel montant enregistrera-t-on la dernière annuité d'amortissement de la machine ?

Solution en fin de chapitre

Le montant de la dépréciation est une estimation. Mais la dépréciation est certaine et irréversible : les comptes seront plus « fidèles » en évaluant la dépréciation avec une marge d'erreur qu'en l'ignorant tout à fait.

Le fisc fixe donc des règles d'évaluation du montant de l'amortissement, afin de limiter la part d'arbitraire :
- Chaque immobilisation a une « durée de vie fiscale » : 20 ans pour les bâtiments industriels, 10 ans pour le mobilier, 4 ou 5 ans pour le matériel de transport, etc.
- Si l'entreprise pratique un amortissement constant, elle amortira donc par exemple le mobilier d'un dixième de sa valeur chaque année pendant dix ans. Il existe d'autres méthodes d'amortissements qui permettent d'amortir plus vite les immobilisations.

LES PROVISIONS

PROVISIONS POUR DÉPRÉCIATION D'UN ÉLÉMENT D'ACTIF

Un terrain, à côté duquel une autoroute est construite… Un stock de marchandises démodées… Une créance sur un client en difficulté… Une action dont le cours a chuté… Voilà encore des postes de l'Actif, dont la dépréciation est probable, mais pas irréversible (à la différence des amortissements).

L'écriture est du même type que pour les amortissements.

Les provisions s'enregistrent au débit du compte 68 comme les amortissements.

Au crédit, le compte utilisé dépend de la nature de la provision. Les comptes de provision 29…, 39…, 49…, 59… (le chiffre 9 en deuxième rang) sont des comptes d'actif créditeurs et figurent à l'Actif en soustraction, comme les comptes d'amortissements.

→ FAITES-LE VOUS-MÊME

Un stock de 50 000 € a perdu environ 20 % de sa valeur. Enregistrez la provision nécessaire.

N°		Débit	Crédit
	31/12/20-N		
…	....	....	
397	Provisions pour dépréciation des stocks de marchandises		....

Complétez cet extrait d'Actif à partir de l'exemple du stock de marchandises.

Actif	Brut	Amortissements Provisions	Net
Stock de marchandises	....	....	....

Solution en fin de chapitre

PROVISIONS POUR RISQUES ET CHARGES À RÉPARTIR

Procès en cours... Pertes de change... Prévision de grosses réparations... Autant de précautions à prendre, de provisions à constituer en vue de charges futures. A la différence des précédentes provisions, celles-ci ne constatent pas une baisse de l'Actif. Elles figurent donc dans des comptes de Passif. L'incidence sur le résultat est la même.

Le compte concerné est :

15 Provision pour risque et charge

→ FAITES-LE VOUS-MÊME

Nous sommes en litige et redoutons d'être condamné à verser une indemnité de l'ordre de 20 000 €.

N°		Débit	Crédit
	31/12/20-N		
...	....	....	
...	....		....

Solution en fin de chapitre

LE COMPTE 78
« REPRISES SUR AMORTISSEMENTS ET PROVISIONS »

Ce compte enregistre toutes les annulations de provisions, quelle que soit leur nature.

→ FAITES-LE VOUS-MÊME

Au 31/12/20-N+1, à la clôture de l'exercice suivant, on fait les constats suivants. Le stock de marchandises (ci-dessus) ayant été soldé dans l'année, la provision le concernant n'a plus d'objet. Le litige ayant été jugé en cours d'année, la provision a également perdu son objet.

On va donc annuler les provisions en créditant le compte 78.

N°	31/12/20-N+1	Débit	Crédit
...	....	....	
...	....	....	
...	....		....

Solution en fin de chapitre

RÉGULARISATIONS DE CHARGES ET DE PRODUITS

Dans le courant de l'exercice, on enregistre des charges et des produits qui concernent l'exercice suivant.

A l'inverse, des opérations qui concernent l'exercice en cours n'ont pas été enregistrées.

Or, le PCG obéit à un principe : il faut imputer aux comptes de l'exercice toutes les charges et tous les produits qui lui reviennent, mais rien que ceux-ci.

CHARGES ET PRODUITS CONSTATÉS D'AVANCE

– Le 1er octobre 20-N, on a payé et enregistré la prime annuelle d'assurance de 2 000 € (compte 616). L'exercice est clos au 31 décembre.

Cette prime couvre trois mois d'assurance durant l'exercice en cours (d'octobre à décembre) et neuf mois pendant l'exercice suivant (de janvier à fin septembre). Cette part de la prime qui couvre l'assurance du 1er janvier au 30 septembre 20-N+1 (soit 9/12 de 2 000 €) doit être transférée des charges de 20-N à celles de 20-N+1.

N°		Débit	Crédit
	01/10/20-N		
616	Prime d'assurance	2 000	
512	Banque		2 000
	31/12/20-N		
486	Charges constatées d'avance	1 500	
616	Prime d'assurance		1 500

– On a perçu un loyer trimestriel d'avance le 1er décembre 20-N, pour 4 800 €.

Or, les deux mensualités de janvier et février sont imputables à l'exercice 20-N+1.

N°		Débit	Crédit
	01/12/20-N		
512	Banque	4 800	
708	Produits des activités annexes		4 800
	31/12/20-N		
708	Produits des activités annexes	3 200	
487	Produits constatés d'avance		3 200

Les comptes 486 « Charges constatées d'avance » et 487 « Produits constatés d'avance » sont de la classe 4, non des comptes de charges ou produits, contrairement à ce que leur intitulé suggère.

486 est un compte débiteur : il représente une « créance » de l'exercice 20-N sur l'exercice 20-N+1 qui tient lieu de tiers.

487, créditeur, est une « dette » de l'exercice 20-N envers l'exercice 20-N+1.

Au début de l'exercice suivant, le 1er janvier 20-N+1, on passe l'écriture inverse de celle du 31/12/20-N.

CHARGES À PAYER, PRODUITS À RECEVOIR

– On a consommé de l'électricité : la facture n'arrivera que fin janvier, couvrant quatre mois, à partir du 1/10/20-N. Il faut imputer aux charges de l'exercice l'énergie consommée avant le 31/12. Sachant que la facture précédente était de 2 400 €, on estime donc à 3/4 de 2 400 € la consommation d'octobre, novembre et décembre 20-N.

N°		Débit	Crédit
	31/12/20-N		
606	Achats non stockés	1 800	
408	Fournisseurs, factures non parvenues		1 800

– On a envoyé de la marchandise pour 6 000 €, mais la facture n'a pas encore été établie. Le produit est imputable à l'exercice en cours.

N°		Débit	Crédit
	31/12/20-N		
418	Clients, produits non encore facturés	6 000	
707	Ventes de marchandises		6 000

RÉSUMÉ

1. L'établissement des documents de synthèse est précédé par des écritures d'ajustement et de régularisation des comptes : c'est l'inventaire.

2. Les amortissements, les provisions et les régularisations de charges et produits sont les trois principales séries d'opérations d'inventaire.

3. Il convient d'y rajouter l'inventaire des stocks (chapitre 7).

SOLUTIONS DE FAITES-LE VOUS-MÊME

Exercice de la page 76

Actif	Brut	Amortissements Provisions	Net
Matériel industriel	60 000	9 000	51 000

L'année suivante, au 31/12/20-N+1, la machine est encore amortie du même montant. L'extrait d'Actif deviendra à cette date :

Actif	Brut	Amortissements Provisions	Net
Matériel industriel	60 000	18 000	42 000

1) Le solde du compte au 31/12/20-N+3 sera de :
18 000 + 9 000 + 9 000 = 36 000
2) La durée d'amortissement est de 1/0,15 = 6 2/3 années
3) Au 31/12/20-N+6, la dotation aux amortissements sera de :
60 000 × 15 % × 2/3 = 6 000
Autre méthode : 60 000 – (6 × 9 000) = 6 000

Exercice de la page 77

N°	31/12/20-N	Débit	Crédit
681	DAP	10 000	
397	Provision pour dépréciation des stocks de marchandises		10 000

Actif	Brut	Amortissements Provisions	Net
Stock de marchandises	50 000	10 000	40 000

Exercice de la page 78

N°		Débit	Crédit
	31/12/20-N		
681	DAP	20 000	
15	Provisions pour risques et charges		20 000

Exercice de la page 79

N°		Débit	Crédit
	31/12/20-N+1		
15	Provisions pour risques et charges	20 000	
397	Prov. dépréciation stock	10 000	
78	Reprises Am./Prov.		30 000

→ TESTEZ VOS CONNAISSANCES

M. Albert EBASK, chapelier à Orthez, nous confie ses travaux d'inventaire.

– Des charges sociales relatives à l'exercice n'ont pas été passées. Elles se montent à 4 580 €.

– Un client qui nous doit 20 000 € est en difficulté. On n'espère plus un règlement de plus de la moitié de notre créance.

– Le loyer semestriel a été payé d'avance au 15 novembre, pour 8 000 €.

– Un lot de bérets a été expédié, la facture au client Tropy n'a pas été enregistrée. 3 400 €.

– 100 actions Grossium achetées dans l'année au cours de 324 € ont été cotées en moyenne pendant le mois de décembre à 296 €.

– 350 actions Dubois achetées dans l'année au cours de 653 € cotaient à 718 € en décembre.

– Notre terrain, désormais situé dans une zone constructible, a doublé sa valeur.

– La camionnette achetée 30 000 € il y a deux ans est amortie selon un système dégressif, soit au taux de 40 % de la valeur nette.

– Une association de riverains réclame 200 000 € de dommages pour la pollution provoquée par le rejet de nos eaux usées. Nous serons sans doute condamnés pour la moitié de la somme réclamée.

Solution en fin de livre

Le point sur…

A QUOI SERT L'AMORTISSEMENT ?

L'amortissement contribue à donner une image fidèle des comptes et du patrimoine.

Il constitue aussi une incitation fiscale à l'investissement.

Observons l'incidence de l'amortissement sur le résultat :

Charges	RÉSULTAT Produits
+ DAP	

Actif	BILAN Passif
– Amortis	

En augmentant les charges et en diminuant l'Actif, l'amortissement réduit le résultat comptable qui sert de base au calcul de l'impôt sur les bénéfices. Il réduit donc l'impôt lui-même.

L'amortissement permet de réaliser une économie d'impôt : l'acquisition d'immobilisations est ainsi encouragée.

Prenons une entreprise dont le résultat avant amortissement se monte à 27 000 €. Le taux d'imposition est supposé de 33,3 %. Comparons l'impôt dû dans deux cas : dans le premier cas, il n'y a pas d'amortissement ; dans le second, il y a une dotation d'amortissement pour 12 000 €.

Sans amortissement	Avec amortissement
Résultat = 27 000	Résultat = 27 000 – 12 000 = 15 000
Impôt = 33,3 % × 27 000 = 9 000	Impôt = 33,3 % × 15 000 = 5 000.

Le gain fiscal imputable à l'amortissement est de 9 000 – 5 000 = 4 000. Dans cet exemple (simplificateur), l'entreprise récupère chaque année, en franchise d'impôt, 33,3 % de l'amortissement. Au terme de la durée de vie fiscale de l'immobilisation, l'entreprise aura récupéré 33,3 % de la valeur d'origine de ses immobilisations. C'est pourquoi elle est intéressée à amortir le plus vite possible.

On sera tenté d'objecter : à quoi sert le gain fiscal, si d'un autre côté le résultat diminue ?

Attention ! le compte 68 « DAP » enregistre une charge d'un genre particulier : cette charge n'est pas une dépense, elle n'entraîne ni sortie d'argent, ni dette. La consommation qu'elle constate a déjà été payée au moment de l'acquisition de l'immobilisation. Le compte 68 a donc le double avantage, 1) de diminuer l'assiette fiscale (à travers le résultat comptable), 2) sans appauvrir l'entreprise.

Finalement, l'amortissement permet d'augmenter le résultat « réel », la capacité d'autofinancement de l'entreprise.

L'entreprise n'est pas tenue de mettre en réserve ou « d'épargner » le gain fiscal qu'elle réalise grâce à l'amortissement. Ce gain l'aide à faire l'acquisition de nouvelles immobilisations, dont l'amortissement à leur tour contribuera à de nouveaux investissements, etc.

CHAPITRE VII

LES STOCKS ET LEUR VARIATION

« ZÉRO STOCK »... PAS POUR LA COMPTABILITÉ

« Zéro stock », travail « à flux tendus » : la gestion de la production a mis en évidence l'intérêt de réduire le niveau des stocks au minimum.

Pour deux séries de raisons :

1. Des raisons de coût :
— Un stock a un coût d'exploitation : locaux, gardiennage, gestion des mouvements, assurance, etc.
— Un stock a un coût financier : il représente des produits achetés ou fabriqués, et pas encore vendus. Il se traduit donc par un « gel » de ressources financières.

2. Des raisons d'efficacité mercatique :
Le « marketing » a appris à faire définir le produit par le marché (ou ce qu'on peut en connaître).

Les entreprises s'efforcent de substituer à la production en grandes séries des productions plus individualisées. Pour rapprocher l'offre des conditions de la production à la commande.

Dans cette approche (vendre pour produire, vendre avant de produire...), l'activité de l'entreprise ne consiste pas à accumuler des unités pour les écouler ultérieurement, mais à répondre « en temps réel » aux sollicitations du marché. D'où le « stock zéro »...

Cependant, la diffusion de la politique du « stock zéro » exige un haut niveau de compétence dans l'organisation du travail. Elle bute aussi sur le risque de ruptures dans le cycle de production. Enfin, du point de vue du comptable, le stock n'est jamais égal à « zéro » même s'il s'en approche.

Entreprise de production

····Approvisionnement···› STOCK MATIÈRES PREMIÈRES ····Production···› STOCK PRODUITS FINIS ····Distribution···›

(Production ⋮ STOCK D'EN-COURS)

Entreprise de distribution

····Approvisionnement···› STOCK DE MARCHANDISES ····Distribution···›

(Une même entreprise peut avoir une double activité de distribution et de production)

Ces schémas permettent de distinguer deux types de stocks :

— Les stocks en amont de l'activité : matières premières, marchandises.

— Les stocks en aval de l'activité : produits finis, en-cours.

Pour chaque type de stock, l'entreprise tient plusieurs comptes, autant qu'il existe d'articles ou de biens différents.

Toutes les fournitures qui transitent par l'entreprise ne sont pas comptabilisées en stocks. Dans le langage courant, le mot « stock » désigne tout ce qui est rangé ou conservé avec un certain ordre.

En comptabilité, un stock a une signification plus précise : c'est un ensemble dont on tient l'inventaire des entrées et des sorties en valeur. Le coût de gestion des stocks dissuade de tenir le compte des entrées et sorties de fournitures dont la valeur unitaire est faible. Si toutes les fournitures qui rentrent dans l'entreprise sont « emmagasinées », elles ne sont pas toutes « stockées ».

Par exemple, pour les fournitures de bureau, il est souvent admis qu'un simple contrôle des quantités consommées suffit à éviter les abus et dispense de gérer en valeur les mouvements de ces fournitures.

LA TECHNIQUE COMPTABLE

Le stock est un élément du patrimoine. A ce titre, il figure à l'Actif. La classe 3 est réservée aux comptes de stocks.

Mais les comptes de stocks présentent une originalité : ils ne sont pas imputés au fur et à mesure des entrées et des sorties.

Les comptes de stocks sont inchangés entre deux inventaires comptables : on retrouve en fin d'exercice **avant** inventaire les mêmes soldes qu'en début d'exercice.

Il faut donc mettre à jour les comptes de stocks avant de clore les comptes pour établir les documents de synthèse.

Considérons par exemple un stock :

Stock au 1er janvier :	40 000
Stock au 31 décembre :	20 400
Variation du stock :	– 19 600

A l'inventaire, quand on ouvre le compte 3... « Stock de ... », on y retrouve le montant initial de 40 000. Or, cette valeur ne correspond plus au niveau du stock mesuré au 31-12. Il faut donc virer le stock initial et réintégrer le montant du stock final, tout en respectant le principe de la partie double.

On va donc ouvrir un compte de contrepartie.

→ **FAITES-LE VOUS-MÊME**

D	3... Stock...		C
S.I.	40 000		
			....
	....		

D	Variation du stock		C
	....		
		....	
		....	Solde

Solution en fin de chapitre

Après ces écritures, le compte de stock est à jour : solde débiteur de 20 400, montant du stock final.

Le deuxième compte a pour solde 19 600, correspondant à la variation de stock : on est fondé à l'intituler « variation de stock ».

Quelle est la nature du compte de variation de stock ?

Il faut revenir à la distinction entre stocks d'articles CONSOMMABLES (matières, marchandises, fournitures) et stocks d'articles PRODUITS (produits finis, en-cours).

LES VARIATIONS DE STOCKS « D'ACHATS »

Les articles consommables, avant d'être stockés, sont achetés et sont enregistrés dans un compte de charge 601, 602 ou 607.

— *Si le stock a augmenté,* c'est qu'une partie des achats de l'exercice n'a pas été consommée, et est venue gonfler les réserves. Cette fraction non consommée des achats ne doit pas figurer comme charge de l'exercice. Elle doit donc être soustraite du compte « Achat » concerné.

— *Si le stock a diminué,* c'est que les achats n'ont pas suffi à satisfaire la consommation de l'exercice, et qu'il a fallu prélever dans les réserves antérieures. Ce surcroît de consommation est une charge de l'exercice et doit s'ajouter aux achats déjà enregistrés.

Charge = achat − augmentation du stock
ou
Charge = achat + diminution du stock

Le compte 603 « Variation des stocks (approvisionnements et marchandises) » répond parfaitement à cette logique.

D 603 Variation des stocks	C
SI	SF

C'est un compte de charge, débité du stock initial, crédité du stock final.

Si SI < SF (augmentation de stock), son solde est créditeur : c'est un paradoxe pour un compte de charge, il se soustraira donc des autres charges.

Si SI > SF (diminution de stock), son solde est débiteur : il fonctionne comme un compte de charge normal et s'additionnera donc aux autres.

FAITES-LE VOUS-MÊME

Un stock de marchandises initial de 34 000 se monte en fin d'exercice à 39 000. Enregistrez la variation au journal.

N°		Débit	Crédit
	31/12		
...	....		
...	....		
...	....		
...	....		

Solution en fin de chapitre

VARIATION DE STOCKS DE « PRODUITS »

Les articles produits, après avoir été stockés, sont vendus : ils sont enregistrés en sortie dans un compte de produits 70.

— Si le stock a augmenté, une partie de la production n'a pas été vendue. Les ventes sous-estiment les produits de l'exercice. Le surstockage doit être additionné aux ventes enregistrées.

— Si le stock a diminué, une partie des ventes provient d'un déstockage net, et n'est pas imputable à l'activité de l'exercice. Cette partie doit être déduite des ventes.

Produit = ventes + augmentation des stocks
ou
Produit = ventes − diminution des stocks

Le compte 713 « Variation des stocks (en-cours de production, produits) » s'adapte à ce raisonnement.

D 713 Variation des stocks	C
SI	SF

C'est un compte de produit, débité du stock initial, crédité du stock final.

Si SI < SF (augmentation de stock), le solde est créditeur, ce qui est la norme pour les comptes de produits. Il s'ajoutera à ces derniers.

Si SI > SF (diminution de stock), le solde est débiteur contrairement aux autres comptes de produit dont il sera donc soustrait.

→ FAITES-LE VOUS-MÊME

Un stock de produits finis de 18 000 en début d'exercice n'est plus que de 13 700 à la clôture. Passez la variation au journal.

N°		Débit	Crédit
	31/12		
...	....		
...	....		
...	....		
...	....		

Solution en fin de chapitre

RÉSUMÉ

1. Au jour le jour, les entrées et sorties de biens et services sont comptabilisées en charges et produits, non en comptes de stocks.

2. L'évaluation des stocks fait l'objet d'un inventaire extra-comptable. Il faut donc choisir une méthode et s'y tenir.

3. L'inventaire comptable consiste à :
— mettre à jour les comptes de classe 3;
— faire apparaître les variations de stocks, qui corrigent les charges et produits.

4. Pour chaque stock, deux écritures : crédit du compte « stock » par débit du compte de variation pour le montant du stock initial; débit de stock par crédit de « variation » pour le montant du stock final.

Charges	RÉSULTAT Produits
60 Achats	70 Ventes
+ 603 débiteur ou – 603 créditeur	+ 713 créditeur ou – 713 débiteur

→ SOLUTIONS DE FAITES-LE VOUS-MÊME

Exercice de la page 93

D	3... Stock		C
S.I.	40 000	40 000	
	20 400		

D	Variation du stock		C
	40 000	20 400	
		19 600	Solde
	40 000	40 000	

Exercice de la page 94

N°		Débit	Crédit
603	Variation stock marchandises	34 000	
37	Stock marchandises		34 000
37	Stock marchandises	39 000	
603	Variation stock marchandises		39 000

Exercice de la page 96

N°		Débit	Crédit
713	Variation stock produits finis	18 000	
31	Stock produits finis		18 000
31	Stock produits finis	13 700	
713	Variation stock produits finis		13 700

→ TESTEZ VOS CONNAISSANCES

Voici le « haut » d'un Résultat au 31/12/20-N.

Charges	RÉSULTAT		Produits
Achats de matières	600 000	Ventes de produits	1 560 000
– Variation de stock	– 15 000	+ Production stockée	+ 28 000
Autres charges externes	130 000	Autres produits	9 000
etc.			

* *Sachant que les stocks au 31/12/20-N-1 étaient de 64 000 pour les matières, et de 42 000 pour les produits finis, retrouvez le montant des stocks au 31/12/20-N.*

* *Passez au journal les écritures d'enregistrement des variations de stocks au 31/12/20-N.*

Solution en fin de livre

CHAPITRE VIII

LA TAXE SUR LA VALEUR AJOUTÉE (T.V.A.)

LA T.V.A.,
SON FONCTIONNEMENT

• **La T.V.A. est, de loin, la première des recettes du budget de l'Etat.**

Recettes du budget général de l'Etat en 2001
(lois de finances initiales)

Taxe sur la valeur ajoutée :	38,7 %
Impôt sur le revenu :	19,5 %
Autres impôts :	7,2 %
Impôt sur les sociétés :	15,0 %
Taxe sur les produits pétroliers :	8,5 %
Recettes non fiscales :	11,2 %

Toute modification du régime de la T.V.A. touche donc directement à l'équilibre des finances publiques.

• **La T.V.A. est un impôt sur la consommation.**

– Elle est supportée par le consommateur final, non par les entreprises.

– Les entreprises jouent le rôle d'intermédiaire, ou de collecteur, entre les consommateurs et le Trésor public.

Chaque entreprise :

1) reçoit de la T.V.A. sur ses ventes : cette T.V.A. est due au fisc ;

2) paye de la T.V.A. sur ses acquisitions : cette T.V.A. ne devant pas être supportée par l'entreprise, elle lui est remboursable.

L'entreprise devra donc reverser au fisc l'excédent de la T.V.A. perçue sur celle payée.

Chaque mois, l'entreprise fait donc le calcul suivant : T.V.A. à décaisser = T.V.A. collectée (sur ventes) – T.V.A. déductible (sur achats).

En général, cette différence est positive : l'entreprise doit de la T.V.A. au fisc. Si la situation inverse se produit, l'entreprise constate un crédit de T.V.A. qu'elle reporte sur le mois suivant pour compensation.

- **La T.V.A. reversée est proportionnelle à la valeur ajoutée.**

Exemple, Mme CARACO, qui tient une boutique de confection, fait ses comptes.

Achats du mois : 13 600 HT + 2 665,6 T.V.A. (19,6 %) = 16 265,6 TTC

Ventes du mois : 34 684 TTC = 29 000 HT + 5 684 T.V.A. (19,6 %).

Mme CARACO a réalisé une « valeur ajoutée » de 29 000 – 13 600 = 15 400 (chiffres d'affaires – consommations externes).

Or, elle va reverser au fisc 5 684 –2 665,6 = 3 018,4 de taxe, c'est-à-dire 19,6 % de 15 400 (valeur ajoutée).

- **Les taux de T.V.A. sont fixés dans la loi de finances.**

– Taux normal : 19,6 %, tous les biens et services non assujettis aux taux particuliers.
– Taux réduit : 5,5 %, alimentation, livres, spectacles, transports de voyageurs, etc.

Attention ! Ces taux s'appliquent au montant hors taxe.

- **Toutes les opérations sont assujetties, sauf...**

Les ventes à l'exportation ne sont pas soumises à la T.V.A. : elles supporteront une taxe à l'entrée du pays importateur.

- **Le droit à déduction de la T.V.A. sur achats supporte certaines conditions :**

– Il ne s'exerce pas, par exemple, sur l'acquisition de voitures de fonction dans l'entreprise : dans ce cas, le véhicule est enregistré pour son montant T.T.C. dans le compte « Matériel de transport ».

FAITES-LE VOUS-MÊME

Considérons quelques étapes de la fabrication d'un meuble. Le prix de vente à un stade devient le prix d'achat du suivant.

Complétez le tableau suivant. On suppose que la scierie n'achète pas le bois, mais l'exploite elle-même.

On supposera que le taux de TVA est de 20 % pour simplifier les calculs.

Entreprise	Prix vente H.T.	Prix achat H.T.	TVA reçue (A)	TVA payée (B)	TVA due (A) – (B)
Scierie	15 000	0	3 000	0	3 000
Fabricant	25 000	....	....	....	....
Grossiste	30 000	....	....	....	....
Détaillant	40 000	....	....	....	....
Consommateur	xxx xxx	....	xxx xxx	....	xxx xxx

Quel est le montant de la T.V.A. payée par le consommateur? Est-ce lui qui la verse au fisc? Où retrouve-t-on cette T.V.A.?

Complétez le tableau suivant:

Entreprise	Prix vente H.T.	Prix achat H.T.	Valeur ajoutée (VA)	20 % × VA
Scierie	....	....	....	....
Fabricant	....	....	....	....
Grossiste	....	....	....	....
Détaillant	....	....	....	....

Quel rapprochement peut-on faire entre les deux tableaux?

Solution en fin de chapitre

LA TECHNIQUE COMPTABLE

La T.V.A. payée par l'entreprise (sur ses achats) n'est pas une charge, mais une **créance sur l'Etat.**

La T.V.A. perçue par l'entreprise (sur ses ventes) n'est pas un produit, mais une **dette envers l'Etat.**

D'où le recours à des comptes de tiers, divisionnaires de 44 « Etat et autres collectivités publiques » :
4456 « T.V.A. déductible »
4457 « T.V.A. collectée »

Exemple avec un taux de TVA de 20 % (pour simplifier).

	28/05		
607	Achats de marchandises	10 000	
4456	TVA déductible	2 000	
401	Fournisseurs		12 000
	10/06		
2154	Matériel industriel	6 000	
4456	TVA déductible	1 200	
404	Fournisseurs d'immob.		7 200
	26/06		
411	Client	36 000	
707	Ventes de marchandises		30 000
4457	TVA collectée		6 000

Attention ! Comptes de charges et comptes d'immobilisations sont toujours imputés hors taxe (quand la T.V.A. est déductible). Le montant TTC apparaît dans les comptes de tiers ou de trésorerie.

Pour connaître le montant de la T.V.A. à reverser, il suffit de virer les montants collectés et déductibles dans un même compte :

4455 « T.V.A. à décaisser ».

Cette opération se fait mensuellement.

A supposer que l'entreprise ait réalisé les seules opérations ci-dessus, elle procédera courant juillet au virement constatant la T.V.A. à décaisser, et au règlement de cette dette avant le 25 de ce mois.

	12/07		
4457	TVA collectée	6 000	
4456	TVA déductible		3 200
4455	TVA à décaisser		2 800
	25/07		
4455	TVA à décaisser	2 800	
512	Banque		2 800

RÉSUMÉ

1. La T.V.A. est un impôt sur la consommation collecté par l'entreprise.

2. Celle-ci reçoit de la T.V.A. qu'elle reverse à l'Etat, déduction faite de la T.V.A. qu'elle a payée sur ses achats.

3. La T.V.A. s'impute dans des comptes de classe 4. Elle se regroupe mensuellement par virement dans un compte unique qui fait le solde des créances et dettes de T.V.A.

SOLUTIONS DE FAITES-LE VOUS-MÊME

Exercice de la page 104

Entreprise	Prix vente H.T.	Prix achat H.T.	TVA reçue (A)	TVA payée (B)	TVA revers. (A)-(B)
Scierie	15 000	0	3 000	0	3 000
Fabricant	25 000	15 000	5 000	3 000	2 000
Grossiste	30 000	25 000	6 000	5 000	1 000
Détaillant	40 000	30 000	8 000	6 000	2 000
Consomm.	–	40 000	–	8 000	–

Le consommateur paye 8 000 € de T.V.A. Cette T.V.A. parvient au fisc sous forme de reversements successifs par les entreprises : 3 000 + 2 000 + 1 000 + 2 000 = 8 000.

Entreprise	Prix vente H.T.	Prix achat H.T.	Val. ajoutée (VA)	20 % × VA
Scierie	15 000	0	15 000	3 000
Fabricant	25 000	15 000	10 000	2 000
Grossiste	30 000	25 000	5 000	1 000
Détaillant	40 000	30 000	10 000	2 000

La dernière colonne des deux tableaux comporte les mêmes montants. On vérifie que la T.V.A. reversée par les entreprises est proportionnelle à la valeur ajoutée qu'elles produisent.

→ TESTEZ VOS CONNAISSANCES

Mr. Rémi NICENCE, gérant d'une supérette, vous demande de tenir sa comptabilité.

1. *Vous avez récapitulé les opérations faites en septembre : Ventes : 47 000 € HT. Acquisition d'immobilisations : néant. Achats de marchandises : 25 000 € HT. Services divers soumis à T.V.A. : 1 350 € HT.*

Le taux de TVA est supposé de 20 % pour simplifier.

Le 15 septembre, vous avez payé la T.V.A. due au titre du mois d'août.

Présentez les soldes des comptes de T.V.A. avant leur regroupement fin septembre.

2. *En octobre, vous faites les opérations suivantes :*

1. Enregistrement de la T.V.A. due au titre de septembre.
2. Honoraires à l'expert-comptable payés ce jour : 4 200 € TTC.
5. Règlement du loyer du mois : 1 200 €.
6. Achat d'un timbre fiscal, pour payer le PV pour stationnement interdit de la camionnette de livraison : 50 € en liquide.
9. Acquisition d'un micro-ordinateur : 2 400 € HT.
10. Achat de marchandises : 12 000 € HT.
12. Facture du journal d'annonces local, pour une publicité qu'il nous a passée : 700 € HT.
13. Facture de la Poste (date limite de paiement, le 28 octobre) : 588 € TTC.
15. Ventes de la quinzaine : 33 600 € TTC.
15. Paiement de la T.V.A. due au titre de septembre.
18. Révision de la camionnette chez le garagiste : 350 € HT.
19. Indemnités versées à un salarié, suite à la condamnation du tribunal des prud'hommes : 16 000 €.
21. Repas d'affaires, pris en charge par notre société (carte bleue) : 870 €.
25. Calcul et enregistrement de la taxe professionnelle : 5 200 €, payable au 15 novembre.
28. Règlement de la Poste.
31. Ventes de la quinzaine, 62 400 € TTC.
31. Enregistrement de la T.V.A. à décaisser au titre du mois d'octobre.

Enregistrez au journal toutes ces opérations.

Solution en fin de livre

→ Ier TEST RÉCAPITULATIF

- I -

La S.A. BORDAGE (R.C.S. Nantes, 954 905 147) fabrique des bateaux de plaisance.

Au 31 mars 20-N (date de clôture de l'exercice de l'entreprise), le Bilan de la société se présentait ainsi :

ACTIF	Brut	A/P	Net	PASSIF	
		BILAN (en milliers d'euros)			
Immobilisations	3 400	2 100	1 300	Capitaux propres	1 400
Stock matières	435	35	400	– Résultat	– 100
Créances	642	42	600		
Banque			350		1 300
Caisse			150	Provis. p. risques	150
				Dettes financières	1 100
				Dettes d'exploitation	250
			2 800		2 800

Posez un diagnostic prudent mais précis à partir du Bilan ci-dessus sur la situation de la S.A. BORDAGE.

- II -

Mme Lebas-Tingage et Mme Legrand-Timonier, respectivement P.-D.G. et Directrice générale, surnommées LT2 dans l'entreprise, entendent redresser la barre. Au cours du mois d'avril, vous enregistrez au JOURNAL les opérations suivantes (en milliers d'euros).

Le taux de TVA est supposé de 20 % pour simplifier les calculs.

1) LT2 procèdent d'abord à une augmentation de Capital.
– M. Tingage apporte dans l'affaire 400 déposés au compte Banque Bretonne de Crédit (BBC) de la Société.
– Mme Legrand mère transfère à la société des installations estimées à 50.

2) LT2 décident de liquider une partie des immobilisations obsolète, en vue de dégager des liquidités. Prix de cession : 200. Le prix d'achat avait été de 400, et l'immobilisation était amortie de 150.

3) LT2 remboursent par anticipation un emprunt bancaire de 300. Les intérêts de liquidation sont de 36.

4) Vente de quarante modèles Optim-Alu à l'école de voile de Saint-Brévin : 10 HT chaque unité. Paiement à 60 jours.

5) Expédition avec la facture d'accessoires au détaillant parisien « La Brise Atlantique » : 20 HT. Règlement sous quinzaine.

6) LT2 relancent systématiquement tous les clients en retard de règlement. Gérard Lambin fait parvenir un chèque de 50.

7) Pour passer le mauvais cap, LT2 obtiennent des pouvoirs publics une subvention d'exploitation de 20, en échange d'un engagement à maintenir l'emploi dans l'entreprise pendant deux ans.

8) De même, l'intervention auprès des élus locaux a accéléré une série de commandes de clubs municipaux auprès de la S.A. Bordage : 240 HT au total, dont le quart est immédiatement versé à titre d'acomptes.

9) De retour du Salon nautique de Lausanne, LT2 décident l'acquisition d'une mouleuse-ponceuse-colleuse 156 TTC.

10) Achat de matières premières : 110 HT, un tiers comptant, deux tiers à crédit.

11) Loyer trimestriel perçu (d'avance) le 15 avril pour le hangar portuaire de Concarneau : 15 (chèque).

12) Reçu avis de prélèvement bancaire automatique par France-Telecom : 2,3 HT.

13) Articles expédiés : environ 30 HT, facture non encore établie.

14) Reçu règlement ventes de l'opération 4).

15) Vous profitez d'un répit pour enregistrer les salaires à payer en fin de mois. Salaires bruts : 150. Les charges sont approximées à 40 %.

16) Vous réglez une vieille dette à l'URSSAF : 30.

17) « Nantes-Actualité », journal de la municipalité, vous fait parvenir sa facture pour une insertion publicitaire dans son numéro de février : 5 HT. Règlement ultérieur : LT2 vont essayer de faire baisser le prix.

18) On règle un fournisseur pressant : 48 TTC.

19) « Nantes-Actualité » baisse son tarif à 4 HT, en échange d'un engagement moral à passer une nouvelle annonce dans le prochain numéro.

20) L'expert-comptable, Mr. Audit, repart avec un chèque pour ses honoraires, de 10 HT.

21) Nous décidons de placer une partie de nos avoirs en caisse en actions. Achat de 100 GTI au cours de 1,23. Commission bancaire en plus de 1 HT.

22) Vous constatez la T.V.A. à décaisser au titre du mois.

- III -

Pour faire le point fin avril, LT2 vous demandent d'établir les documents de synthèse comme si un nouvel exercice était clos le 30 avril.

Vous passez donc des écritures de fin d'exercice au 30 avril.

a) Régularisation relative aux opérations n° 11 et n° 13.

b) « La Brise Atlantique » prétend qu'elle n'a pas reçu le matériel. Le transporteur prétend le contraire et se refuse à faire jouer l'assurance. Nous rangeons ce client parmi les « douteux » et provisionnons une perte probable de la moitié de la créance.

c) Nous amortissons les immobilisations au taux ANNUEL de 12 %.

d) Les provisions pour dépréciation de stock n'ont plus d'objet.

e) Le stock de matières se monte à 460 en fin de mois.

- IV -

Etablissez le Résultat après les opérations du mois d'avril. La situation s'améliore-t-elle ?

Solution en fin de livre

CHAPITRE IX

LIRE LES DOCUMENTS DE SYNTHÈSE

VUE D'ENSEMBLE

Observez le Résultat et le Bilan (système de base) reproduits ci-après (pages 118 à 127).

DES COMPTES AUX POSTES

Au Résultat et au Bilan figurent des **postes.** Chaque poste regroupe plusieurs comptes. La correspondance entre un compte et son poste est établie par le PCG.

Par exemple, le poste « Autres charges externes » du Résultat regroupe tous les sous-comptes de 61 Services extérieurs et de 62 Autres services extérieurs.

► Remarque. Le montant des postes de l'exercice antérieur (N-1) est toujours rappelé.

→ FAITES-LE VOUS-MÊME

Trouvez les comptes qui sont regroupés dans le poste « Immobilisations corporelles » du Bilan : ....

Solution en fin de chapitre

DES POSTES AUX MASSES

Les postes sont regroupés en masses. Pour chacune d'elles, un total partiel est calculé.

BILAN

ACTIF IMMOBILISÉ Classe 2	**CAPITAUX PROPRES** Classe 1 **PROVISIONS POUR RISQUES ET CHARGES** Classe 1
ACTIF CIRCULANT Classes 3, 4, 5 (débiteurs)	**DETTES** Classes 1, 4 (créditeurs)

▶ Remarque. Les comptes de régularisation, dans le bas de l'Actif et du Passif, résultent des opérations d'inventaire.

RÉSULTAT

CHARGES D'EXPLOITATION Comptes 60, 61, 62, 63, 64, 65 681	**PRODUITS D'EXPLOITATION** Comptes 70, 71, 72, 73, 74, 75 781, 791
CHARGES FINANCIERES Comptes 66 686	**PRODUITS FINANCIERS** Comptes 76 786
CHARGES EXCEPT. Comptes 67 687	**PRODUITS EXCEPTIONNELS** Comptes 77 787
PARTICIPATION DES SALARIÉS 691 IMPÔT SUR LES BÉNÉFICES 695	

Documents de synthèse
Système de base

MODÈLE DE BILAN

	ACTIF	Exercice N			Exercice N–1
		Brut	Amortis-sements et provisions (à déduire)	Net	Net
ACTIF IMMOBILISE	Immobilisations incorporelles :				
	Frais d'établissement				
	Frais de recherche et de développement				
	Concessions, brevets, licences, marques, procédés, droits et valeurs similaires				
	Fonds commercial (1)				
	Autres				
	Avances et acomptes				
	Immobilisations corporelles :				
	Terrains				
	Constructions				
	Installations techniques, matériel et outillage industriels				
	Autres				
	Immobilisations corporelles en cours				
	Avances et acomptes				
	Immobilisations financières (2) :				
	Participations				
	Créances rattachées à des participations				
	Autres titres immobilisés				
	Prêts				
	Autres				
	Total I	**X**	**X**	**X**	**X**

ACTIF CIRCULANT	Stocks et en-cours :				
	Matières premières et autres approvisionnements				
	En-cours de production (biens et services) (a)				
	Produits intermédiaires et finis				
	Marchandises				
	Avances et acomptes versés sur commandes				
	Créances (3) :				
	Créances Clients et Comptes rattachés (b)				
	Autres				
	Capital souscrit - appelé, non versé				
	Valeurs mobilières de placements (c) :				
	Actions propres				
	Autres titres				
	Disponibilités				
	Charges constatées d'avance (3)				
	Total II	X	X	X	X
COMPTES de régula-risation	Charges à répartir sur plusieurs exercices **(III)**	X		X	X
	Primes de remboursement des obligations **(IV)**	X		X	X
	Ecarts de conversion Actif **(V)**	X		X	X
	TOTAL GENERAL (I + II + III + IV + V)	X	X	X	X
(3) Dont à plus d'un an					

(a) A ventiler, le cas échéant, entre biens d'une part et services d'autre part.
(b) Créances résultant de ventes ou de prestations de services.
(c) Poste à servir directement s'il n'existe pas de rachat par l'entreprise de ses propres actions.

MODÈLE DE BILAN
(Avant répartition)

	PASSIF	Exercice N	Exercice N−1
CAPITAUX PROPRES	Capital [dont versé...] (a)		
	Primes d'émission, de fusion, d'apport,...		
	Ecarts de réévaluation (b)		
	Réserves :		
	Réserve légale		
	Réserves statuaires ou contractuelles		
	Autres		
	Report à nouveau (c)		
	Résultat de l'exercice (bénéfice ou perte) (d)		
	Subventions d'investissement		
	Provisions réglementées		
	Total I	**X**	**X**
PROVISIONS pour risques et charges	Provisions pour risques		
	Provisions pour charges		
	Total II	**X**	**X**

DETTES (1) (f)	Emprunts obligataires convertibles		
	Autres emprunts obligataires		
	Emprunts et dettes auprès des établissements de crédit (2)		
	Emprunts et dettes financières divers		
	Avances et acomptes reçus sur commandes en cours		
	Dettes fournisseurs et Comptes rattachés (e)		
	Dettes fiscales et sociales		
	Dettes sur immobilisations et Comptes rattachés		
	Autres dettes		
COMPTES de régularisation (1)	Produits constatés d'avance		
	Total III	X	X
	Ecarts de conversion Passif (IV)	X	X
	TOTAL GENERAL (I + II + III + IV)	X	X
(1) Dont à plus d'un an Dont à moins d'un an (2) Dont concours bancaires courants et soldes créditeurs de banques			

(a) Y compris capital souscrit non appelé.
(b) A détailler conformément à la législation en vigueur.
(c) Montant entre parenthèses ou précédé du signe moins (–) lorsqu'il s'agit de pertes reportées.
(d) Montant entre parenthèses ou précédé du signe moins (–) lorsqu'il s'agit d'une perte.
(e) Dettes sur achats ou prestations de services.
(f) A l'exception, pour application de (1) des avances et acomptes reçus sur commandes en cours.

MODÈLE DE BILAN
(Après répartition)

	PASSIF	Exercice N	Exercice N–1
CAPITAUX PROPRES	Capital [dont versé...] (a)		
	Primes d'émission, de fusion, d'apport,...		
	Ecarts de réévaluation (b)		
	Réserves :		
	Réserve légale		
	Réserves statuaires ou contractuelles		
	Réserves réglementées		
	Autres		
	Report à nouveau (c)		
	Sous-total : situation nette	X	X
	Subventions d'investissement		
	Provisions réglementées		
	Total I	X	X
PROVISIONS pour risques et charges	Provisions pour risques		
	Provisions pour charges		
	Total II	X	X

DETTES (1)	Emprunts obligataires convertibles		
	Autres emprunts obligataires		
	Emprunts et dettes auprès des établissements de crédit (2)		
	Emprunts et dettes financières divers		
	Avances et acomptes reçus sur commandes en cours		
	Dettes fournisseurs et Comptes rattachés (d)		
	Dettes fiscales et sociales		
	Dettes sur immobilisations et Comptes rattachés		
	Autres dettes		
COMPTES de régula-risation (1)	Produits constatés d'avance		
	Total III	X	X
	Ecarts de conversion Passif **(IV)**	X	X
	TOTAL GENERAL (I + II + III + IV)	X	X
(1) Dont à plus d'un an			
Dont à moins d'un an			
(2) Dont concours bancaires courants et soldes créditeurs de banques			

(a) Y compris capital souscrit non appelé.
(b) A détailler conformément à la législation en vigueur.
(c) Montant entre parenthèses ou précédé du signe moins (−) lorsqu'il s'agit de pertes reportées.
(d) Dettes sur achats ou prestations de services.
(e) A l'exception, pour l'application du (1), des avances et acomptes reçus sur commandes en cours.

Système de base

MODÈLE DE RÉSULTAT

CHARGES (hors taxes)	Exercice N	Exercice N−1
Charges d'exploitation (1) :		
Achats de marchandises (a)		
Variation de stock (b)		
Achats de matières premières et autres approvisionnements (a)		
Variation de stock (b)		
*Autres achats et charges externes		
Impôts, taxes et versements assimilés		
Salaires et traitements		
Charges sociales		
Dotations aux amortissements et aux provisions :		
Sur immobilisations : dotations aux amortissements (c)		
Sur immobilisations : dotations aux provisions		
Sur actif circulant : dotations aux provisions		
Pour risques et charges : dotations aux provisions		
Autres charges		
Total I	X	X
Quotes-parts de résultat sur opérations faites en commun (II)	X	X
Charges financières :		
Dotations aux amortissements et aux provisions		
Intérêts et charges assimilées (2)		
Différences négatives de change		
Charges nettes sur cessions de valeurs mobilières de placement		
Total III	X	X

Charges exceptionnelles :		
Sur opérations de gestion		
Sur opérations en capital		
Dotations aux amortissements et aux provisions		
Total IV	X	X
Participation des salariés aux fruits de l'expansion (V)	X	X
Impôts sur les bénéfices (VI)	X	X
Total des charges (I + II + III + IV + V + VI)	X	X
Solde créditeur = **bénéfice (3)**	X	X
TOTAL GENERAL	X	X
* Y compris :		
— redevances de crédit-bail mobilier		
— redevances de crédit-bail immobilier		
(1) Dont charges afférentes à des exercices antérieurs		
(2) Dont intérêts concernant les entreprises liées		
(3) Compte tenu d'un résultat exceptionnel avant impôts de		

(a) Y compris droits de douane.
(b) Stock initial moins stock final : montant de la variation en moins entre parenthèses ou précédé du signe (–).
(c) Y compris éventuellement dotations aux amortissements des charges à répartir.

PRODUITS (hors taxes)	Exercice N	Exercice N−1
Produits d'exploitation (1) :		
Ventes de marchandises		
Production vendue [biens et services] (a)		
Sous-total A - Montant net du chiffre d'affaire	X	X
dont à l'exportation :		
Production stockée (b)		
Production immobilisée		
Subventions d'exploitation		
Reprises sur provisions (et amortissements), transferts de charges		
Autres produits		
Sous-total B	X	X
Total I (A + B)	X	X
Quotes-parts de résultat sur opérations faites en commun II	X	X
Produits financiers :		
De participation (2)		
D'autres valeurs mobilières et créances de l'actif immobilisé (2)		
Autres intérêts et produits assimilés (2)		
Reprises sur provisions et transferts de charges		
Différences positives de change		
Produits nets sur cessions de valeurs mobilières de placement		
Total III	X	X

Produits exceptionnels : Sur opérations de gestion Sur opérations en capital Reprises sur provisions et transferts de charges		
Total IV	X	X
Total des produits (I + II + III + IV)	X	X
Solde débiteur = **perte** (3)	X	X
TOTAL GÉNÉRAL	X	X
(1) Dont produits afférents à des exercices antérieurs (2) Dont produits concernant les entreprises liées (3) Compte tenu d'un résultat exceptionnel avant impôts de		

(a) A inscrire, le cas échéant, sur des lignes distinctes.
(b) Stock final moins stock initial : montant de la variation en moins entre parenthèses ou précédé du signe (–).

LE PROJECTEUR SUR LE RÉSULTAT

LES VARIATIONS DE STOCKS (voir chapitre VII)

Elles apparaissent « en haut » du Résultat, en correction des comptes d'Achats (charges) et de Production vendue (produits).

Achat de marchandises	Production vendue
Variation de stock (±)	Production stockée (±)
Achat de matières premières et autres approvisionnements	
Variation de stock (±)	

LES AMORTISSEMENTS ET PROVISIONS

Le compte 68 Dotations aux amortissements et provisions (DAP) se subdivise, selon l'objet de l'écriture, entre :

681 DAP – Charges d'exploitation
686 DAP – Charges financières
687 DAP – Charges exceptionnelles

Le principe est analogue pour les comptes de reprise : 781, 786, 787.

Dans le Résultat, on retrouve donc les dotations et les reprises réparties entre les trois masses : éléments d'exploitation, financiers et exceptionnels.

IMPÔTS, TAXES ET VERSEMENTS ASSIMILÉS

Ce poste regroupe les impôts locaux (taxe professionnelle), la taxe d'apprentissage, les versements au titre de la formation continue, etc.

► Attention : l'impôt sur les bénéfices ne figure pas ici, mais en bas du résultat, puisqu'il est calculé in fine en fonction du résultat.

QUOTES-PARTS DE RÉSULTAT SUR OPÉRATIONS FAITES EN COMMUN

Votre entreprise détient 15 % des titres dans une société en participation. Le gérant de celle-ci ne vous oublie pas : il vous fera partager la perte ou le bénéfice. Le poste « Quotes-parts… » reprend les bénéfices ou pertes transférés.

Exemple : on vous transfère 20 000 € de bénéfice. Vous passez :

458 Associés, opér. en commun	
20 000	

755 Quotes-parts	
	20 000

A l'inverse, vous « recevez » 30 000 € de perte. Vous passez :

655 Quotes-parts	
30 000	

458 Associés, opér. en commun	
	30 000

GAINS OU PERTES DE CHANGE

Vous avez contracté un emprunt à l'étranger, au Gouziland, quand le taux de change donnait : 1 gouzi = 0,5 €. Cet emprunt de 10 000 gouzi a donc été enregistré (en euros) dans vos comptes pour 10 000 × 0,5 = 50 000 €.

Quelques mois après, vous remboursez cet emprunt.

Le taux de change a changé : 1 gouzi = 0,4 €. Le remboursement de 10 000 gouzi ne vous coûtera que 10 000 × 0,4 = 4 000 €.

	16	Emprunt		512	Banque
A la date de l'emprunt		5 000	emprunt	5 000	
A la date du remboursement	5 000				4 000

766 Gains de change	
	1 000

LES PLUS- OU MOINS-VALUES SUR LES CESSIONS D'IMMOBILISATIONS

Vous possédez un immeuble acquis 3 000 000 €, et amorti à 70 % à la fin du précédent exercice.

A l'Actif, on peut lire :

→ FAITES-LE VOUS-MÊME

	BRUT	Am/Pro	NET
Construction	......	......	......

Le 20 septembre, vous signez la vente de ce bien, pour 5 000 000 € : sur le moment, vous enregistrez seulement le produit de la cession.

Et le 31 décembre, vous régularisez la cession, en soldant le compte « construction », et son compte d'amortissement.

	20/09		
512	Banque	5 000 000	
775	Produits des cessions d'éléments d'actif		5 000 000
	31/12		
2813	Amo. des constructions	2 100 000	
675	Valeur comptable des éléments d'actif cédés	900 000	
213	Constructions		3 000 000

Observez l'incidence de ces écritures sur le Résultat :

Charges		Produits	
675 Valeur nette	900 000	775 Prix de cession	5 000 000

Cette opération a dégagé un produit net de + 4 100 000.

La plus-value (ou la moins-value) de cession n'apparaît pas directement au résultat. Elle est la différence entre le compte de produit 775 et le compte de charge 675.

→ FAITES-LE VOUS-MÊME

Une machine acquise 50 000 € et totalement amortie a été cédée le 14 juin pour 20 000 €, tandis qu'une autre acquise 45 000 € et amortie aux deux tiers a été vendue 10 000 € le 12 octobre.

Passez les écritures des 14 juin, 12 octobre et 31 décembre.

Calculez les plus- ou moins-values de cession.

Solution en fin de chapitre

LE PROJECTEUR SUR LE BILAN

TROIS COLONNES À L'ACTIF

Montant Brut − Amortissements ou Provisions = Montant Net.

Ce qui se comprend ainsi : Valeur d'origine − dépréciation = valeur vénale.

LE PASSIF, AVANT ET APRÈS RÉPARTITION DU RÉSULTAT

Le résultat de l'exercice ne « reste » pas dans le compte « Résultat » du Passif. Il est viré dans d'autres comptes, correspondant à l'affectation du bénéfice. Trois sortes d'affectations : mise en réserves, distribution aux actionnaires, report à nouveau.

Le poste Résultat du Passif avant répartition disparaît donc après la répartition.

Exemple de répartition d'un bénéfice de 100 000

120	Résultat de l'exercice (bénéfice)	100 000	
106	Réserves		40 000
110	Report à nouveau		35 000
457	Associés, dividendes à payer		25 000

Exemple de répartition d'une perte de 80 000

	31/12		
119	Report à nouveau	80 000	
129	Rés. de l'exercice (perte)		80 000

LES DETTES

Il y a deux formes de dettes.

Les emprunts monétaires, en général auprès d'institutions spécialisées, constituent les dettes financières.

Les crédits obtenus (délai de paiement) forment les dettes à court terme. On les distingue entre dettes d'exploitation (fournisseurs), d'une part, et les « autres dettes », sociales (URSSAF, ASSEDIC...) et fiscales en particulier, d'autre part.

▶ Remarque. Il est important de savoir repérer les dettes de trésorerie, c'est-à-dire les crédits à court terme consentis pour couvrir un découvert.
— Ce sont des dettes financières si on s'en tient aux organismes qui les accordent.
— Ce sont des dettes à court terme du point de vue de leur échéance.

Elles apparaissent sous l'intitulé « concours bancaires courants et soldes créditeurs de banque », parmi les dettes financières.

LES ÉCARTS DE CONVERSION

On en trouve des deux côtés, Actif et Passif.

Reprenons l'exemple de l'emprunt contracté au Gouziland, en supposant qu'il n'est remboursable que l'année prochaine. A la clôture de l'exercice en cours, nous tiendrons compte de l'évolution du taux de change.

Supposons que le taux du gouzi soit de 0,6 €. La valeur de l'emprunt exprimé en euros passe à 10 000 × 0,6 = 6 000 €, au lieu de 5 000 €. Risque de perte : 1 000 €. On augmente le solde du compte « Emprunt » :

	31/12		
476	Ecart de conversion Actif	1 000	
16	Emprunt		1 000

→ FAITES-LE VOUS-MÊME

Un emprunt de 150 000 $ a été comptabilisé en € au taux de 1,12 €. Au 31/12, le cours du $ s'établissait à 1,04 €. Passez l'écriture.

	31/12		
...	....		
...	....		

Solution en fin de chapitre

RÉSUMÉ

Ne vous laissez pas impressionner ! Vous ignorez la signification de tel poste du Bilan ou du Résultat ?

1. Ne renoncez pas pour autant à comprendre le sens général des documents de synthèse. Repérez-en d'abord les grandes masses.

2. Sachez que tout poste est l'aboutissement d'opérations dont la technique d'enregistrement comptable est facilement accessible dans des manuels et mémentos bien connus des « professionnels ».

→ SOLUTIONS DE FAITES-LE VOUS-MÊME

Exercice de la page 116

Poste	Comptes
Immobilisations corporelles	21 Immobilisations corporelles 23 Immobilisations en cours – 28 Amortissements – 29 Provisions

Exercice de la page 130

	BRUT	Am/Pro	NET
Constructions	3 000 000	2 100 000	900 000

Exercice de la page 131

	14/06		
512	Banque	20 000	
775	Produits des cessions d'éléments d'actif		20 000
	12/10		
512	Banque	10 000	
775	Produits des cessions d'éléments d'actif		10 000
	31/12		
2815	Am. des instal. 50 000 + 30 000	80 000	
675	Valeur comptable des éléments d'actif cédés	15 000	
215	Installations		95 000

Plus-value sur A : 20 000 – 0 = + 20 000
Moins-value sur B : 10 000 – 15 000 = – 5 000

Exercice de la page 134

	31/12		
16	Emprunt	12 000	
477	Ecart de conversion Passif		12 000

→ TESTEZ VOS CONNAISSANCES

On vous communique les postes du Résultat et du Bilan classés dans l'ordre alphabétique de LUX-France, filiale française du groupe automobile du même nom.

Reconstituez le Résultat et le Bilan.

Autres achats et charges externes	66 101
Autres créances	245 207
Autres charges	481
Autres dettes	113 278
Autres produits	692
Capital	345 100
Charges de personnel	47 878
Charges financières	371 433
Charges exceptionnelles	8 671
Comptes de régularisation débiteurs	13 937
Comptes de régularisation créditeurs	3 735
Disponibilités	265 106
Dotations aux amortissements et provisions, charges d'exploitation	22 553
Ecart d'acquisition (débiteur)	9 675
Ecart de conversion (créditeur)	2 459
Emprunts et dettes financières	5 149 132
Fournisseurs et comptes rattachés	5 780
Frais d'établissement	96
Immobilisations corporelles	196 570
Impôt sur les bénéfices	5 451
Impôts et taxes	4 462
Prestations de services	78 664
Primes d'émission, de fusion	509 896
Produits financiers	446 340
Produits exceptionnels	11 144
Provisions pour risques et charges	51 830
Reprises sur amortissements et provisions, produits d'exploitation	2 913
Réserves	380 640
Résultat de l'exercice	49 145
Revenu des locations	36 422
Titres de participation	4 567 838
Valeurs mobilières de placement	1 312 566

Solution en fin de livre

Le point sur...

UNE IMAGE PARFOIS TROMPEUSE...

Lire des documents de synthèse suppose de connaître la signification de chaque poste.

Mais ce n'est pas suffisant. Tous les exemples suivants (cas réels, éventuellement transposés) montrent que les chiffres ne parlent jamais d'eux-mêmes.

LA VIE EN GROUPE... ET EN QUATRE EXEMPLES

• La Générale d'Electricité est un groupe (matériel électrique, centrales nucléaires, édition...). A sa tête, une société de portefeuille (une holding) détient des participations dans des filiales et dans d'autres sociétés de portefeuille qui, elles-mêmes, contrôlent des filiales.

En 20-N, la holding employait 317 salariés, tandis que l'ensemble du groupe en totalisait 204 100. Il n'y aurait aucun sens à analyser l'exploitation du groupe à travers les comptes de la holding dont l'activité est de pure gestion financière. Attention à la confusion...

Naturellement, le Bilan d'une holding contient un poste « Titres de participation » élevé (il représentait 88 % du total de l'Actif pour la GE en 20-N).

• La S.A. Gitère est la filiale d'un groupe international. Un coup d'œil sur ses comptes de gestion révèle un montant particulièrement lourd du compte 651 « Redevances pour concessions, brevets, licences, marques, procédés, droits et valeurs similaires ». La société mère qui a monté la filiale récupère une partie du bénéfice de celle-ci en lui facturant au prix fort l'exploitation de la marque et d'un brevet de fabrication... Il faut en tenir compte avant d'exprimer un jugement trop sévère sur la rentabilité de la S.A. Gitère.

- La société Jean Balle et Frères (JBF) a été rachetée par un groupe agro-alimentaire. Elle fournit au groupe des emballages, fabriqués avec de la matière première achetée à une autre filiale du groupe. Les filiales du groupe sont le premier client et le premier fournisseur de JBF. La société JBF a-t-elle vraiment la maîtrise de ses prix d'achat et de vente ? Comment l'encadrement des prix de JBF influence-t-il l'image de sa rentabilité ? L'analyse commence là...

- La société GZX a filialisé à partir du 1er janvier 2001 ses activités « Bouteilles » et « Flaconnage », exerçant depuis lors une activité de pure holding. Les comptes 2000 et 2001 ne sont plus comparables. Pour rendre la comparaison possible, il faut retraiter les comptes 2000, c'est-à-dire les établir « comme si » la filialisation était intervenue en 2000.

Voici l'incidence du retraitement sur la mesure du bénéfice de l'exercice :

	2001	2000 non retraité	2000 retraité
Bénéfice de l'exercice (millions €)	403,8	447,8	263,7

Avant retraitement, on conclurait faussement à une chute de 11 % du bénéfice. En fait, à structure identique, le bénéfice de la société a augmenté de 70 % !

LES CHANGEMENTS DE MÉTHODE COMPTABLE

Le Plan comptable général impose des principes et méthodes communs à toutes les entreprises. Mais il ne peut tout prévoir et il laisse ouverts certains choix.

C'est pourquoi l'Annexe, document obligatoire qui accompagne le Bilan et le Résultat, doit indiquer les méthodes et principes comptables de l'entreprise, notamment s'ils ont changé d'un exercice à l'autre.

• SCOOP, S.A., société de presse, compte dans ses produits les abonnements de ses lecteurs. La plupart de ces abonnements ne prennent pas effet au 1er janvier, ils chevauchent sur deux exercices comptables. Une partie des recettes des abonnements constitue donc un produit constaté d'avance, à reporter sur l'exercice suivant (cf. chapitre VI).

La société change sa méthode d'évaluation des produits d'abonnement constatés d'avance, afin d'augmenter ceux-ci. Incidence comptable : le compte d'Actif 487 augmente, le compte de produit 70 diminue. Donc, le bénéfice comptable diminue, et l'impôt calculé sur ce bénéfice aussi... En général, les changements de méthode visent à modifier l'image du résultat.

LES MANIPULATIONS RÉGULIÈRES DU RÉSULTAT COMPTABLE...

• La société de transport maritime « BATEAUX IVRES », qui menace de couler si elle n'investit pas rapidement, veut limiter son résultat comptable pour réduire le montant de ses impôts.

Elle ramène la durée d'amortissement de ses navires de 12 ans à 8 ans, durée désormais retenue par les armateurs en France. Chaque annuité devient donc plus importante, et les DAP augmentent.

Dans le même sens, elle tire toutes les provisions vers le haut...

• L'agence de voyages « VOIR MAUBEUGE ET REVENIR » vient de se lancer avec succès. Logiquement, son premier exercice est déficitaire, mais moins que prévu. L'activité est si prometteuse que la société veut déjà faire des investissements d'extension. Pour convaincre son banquier de lui accorder un prêt, elle veut réduire le niveau de sa perte.

Or, elle a engagé (en mai) une campagne publicitaire de lancement très coûteuse pour faire connaître sa marque. On peut estimer que les retombées de cette campagne courent sur plusieurs années. La charge sera donc étalée ainsi :

	14/05		
623	Publicité	300 000	
512	Banque		300 000
	31/12		
481	Charges à répartir sur plusieurs exercices	300 000	
791	Transferts de charge		300 000
	31/12		
681	DAP	75 000	
481	Charges à répartir		75 000

Au 31/12, la première écriture compense totalement celle du 14/05. La seconde écriture restitue pour l'exercice en cours la fraction de la charge répartie.

LES ILLUSIONS D'OPTIQUE... EN DEUX EXEMPLES

- Une PME de mécanique générale a un chiffre d'affaires en déclin, en raison d'un retard cumulé d'investissements. Pourtant, sur le dernier exercice, son résultat net remonte. Il serait bien imprudent de s'en tenir à ce seul résultat net. En effet, son redressement est uniquement imputable à un bon résultat exceptionnel qui ne sera jamais réédité, puisqu'il découle de la liquidation d'éléments d'actif...

- La SARL DORADO, spécialisée dans la fabrication de vernis et peintures, affiche un bénéfice de 1,2 million de €, alors que les trois exercices antérieurs étaient déficitaires. De fait, l'entreprise a retrouvé la croissance. Pourtant, la somme de 1,2 est surévaluée... Pourquoi ?

Le résultat fiscal de l'année tient compte du report des pertes antérieures qui compensent à la baisse le bénéfice de l'exercice. L'impôt sur les bénéfices ne correspond donc pas au bénéfice de l'exercice, mais à ce bénéfice diminué des pertes antérieures.

La SARL profite fiscalement cette année de ses mauvais résultats passés. Son bénéfice après impôt est surévalué par le biais de la fiscalité.

CHAPITRE X

LE RÉSULTAT : CE QU'IL N'EST PAS...

L'IDÉE FAUSSE : RÉSULTAT = CAGNOTTE

Sans avoir étudié la comptabilité, chacun d'entre nous a une opinion sur le résultat. Spontanément, on définit volontiers le résultat comme la différence : recettes-dépenses. Or cette définition n'a rien à voir avec la notion comptable de résultat.

Le « résultat » est souvent perçu comme une réserve qui serait disponible pour diverses affectations, voire comme un excédent de trésorerie. L'image du résultat-cagnotte est très prégnante. Elle mérite d'être démentie par l'exemple...

Préjugé n° 1 : « Le résultat est égal à la trésorerie ».

Faux, on le vérifie sur cet exemple.

ACTIF	BILAN n° 1		PASSIF
Immobilis. incorpor.	45 000	Capital	120 000
Installations	81 000	Résultat	−1 000
Matériel de transport	21 000	Emprunt	41 500
Stock de marchand.	4 500	Fournisseurs	15 000
Banque	19 500		
Caisse	4 500		
	175 500		175 500

Ici, résultat = − 1 000, et trésorerie = 24 000 (19 500 + 4 500). On peut être en déficit et avoir une trésorerie positive. Le cas inverse (découvert bancaire et bénéfice comptable) est également possible.

Préjugé n° 2 : « Le résultat serait égal à la trésorerie, si toutes les créances et les dettes étaient simultanément réglées. »

Faux. Il est vrai que les opérations à crédit (achats ou ventes) n'entraînent pas de mouvements de trésorerie, alors qu'elles affectent le résultat.

Mais observez notre exemple :

Trésorerie + créances − dettes = 24 000 + 0 − 56 500 = − 32 500. Ce montant n'a rien à voir avec le Résultat.

S'il est clair que ces préjugés sont faux, pourquoi sont-ils si forts ?

QUAND ON DÉCOUVRE LE RÉSULTAT DE L'EXERCICE, IL EST DÉJÀ AFFECTÉ

Le résultat se calcule périodiquement, notamment en fin d'exercice. Mais il est réalisé au jour le jour, et il est « utilisé » au fur et à mesure qu'il est dégagé.

On utilise le résultat en même temps qu'on le crée.

Par exemple : vous agrandissez vos installations, parce que votre activité a dégagé de nouvelles ressources. Il est évident que vous investissez le profit de l'exercice avant même de connaître son montant annuel.

De sorte qu'au moment où le résultat d'une période est calculé, son affectation est déjà faite. L'enrichissement constaté par le résultat se retrouve dans les différents postes de l'Actif.

Comparons la situation décrite dans le Bilan n° 1 avec une situation ultérieure contenue dans le Bilan n° 2.

ACTIF	BILAN n° 1	n° 2	PASSIF	n° 1	n° 2
Immobilisations incorporelles	45 000	45 000	Capital	120 000	120 000
Installations	81 000	81 000	Résultat	– 1 000	28 500
Matériel de transport	21 000	30 000	Emprunt	41 500	41 500
Stock de marchandises	4 500	4 500	Fournisseurs	15 000	20 000
Clients		13 500			
Banque	19 500	31 500			
Caisse	4 500	4 500			
	175 500	210 000		175 500	210 000

Et cherchons les modifications intervenues entre les deux bilans.

FAITES-LE VOUS-MÊME

A l'actif, trois postes ont augmenté :		Au passif, deux postes ont augmenté :	
.... :	....	.... :	....
.... :	....	.... :	....
.... :	....	.... :	....
	....		....

Solution en fin de chapitre

Le résultat mesure l'augmentation du patrimoine : augmentation de l'actif – augmentation des dettes.

Les 28 500 € de « Résultat » se retrouvent dispersés entre trois postes de l'Actif : matériel de transport, créances clients et avoirs en banque. Le résultat a servi à augmenter ces trois postes.

Les choix d'affectation du résultat ne se font pas une fois par an après la clôture des comptes ! Ils se font en permanence et ils anticipent les bénéfices à venir.

Pourtant, il y a un paradoxe : on dit que les sociétés « répartissent le bénéfice », ou le distribuent (en partie) aux actionnaires, après que son montant ait été établi. Que peuvent-elles distribuer si le résultat est déjà « mangé » ? Cette distribution ne contredit-elle pas l'idée que le résultat est « dépensé » au fur et à mesure qu'il apparaît ?

Le paradoxe n'est qu'apparent…

QU'EST-CE QUE LA DISTRIBUTION DU BÉNÉFICE ?

Les sociétés de capitaux procèdent à une « répartition du résultat » quand celui-ci est connu : distribution de dividendes, mise en réserve. Mais attention au piège des mots !

Une entreprise ne peut pas distribuer un résultat déjà absorbé dans l'Actif. Alors, où puisera-t-elle les ressources à distribuer ?

Exemple. Une entreprise a réalisé un bénéfice de 240 M€ en 2000. Ses disponibilités sont de 15 M€ en moyenne dans l'année. Début 2001, l'assemblée générale des actionnaires décide de distribuer 100 M€ de dividendes. Comment est-ce possible ?

Le résultat 2000 donne une base de prévision du résultat de 2001. La mesure du résultat d'un exercice permet d'anticiper les flux de l'exercice suivant.

Ainsi, les dividendes attribués au titre de 2000 seront versés en 2001, grâce aux flux générés par l'activité de 2001.

L'affectation du bénéfice aux dividendes est calculée sur la base du résultat mesuré en 2000, mais elle est payée avec les ressources dégagées en 2001. En analyse financière, les dividendes 2000 figurent comme un emploi de l'exercice 2001.

C'est pourquoi, ayant décidé de distribuer 100 M€ alors que sa trésorerie moyenne n'est que de 15 M€, la société prendra soin de « réserver » une partie de ses **futures** rentrées financières au règlement des actionnaires.

RÉSUMÉ

1. Le résultat comptable, qui mesure au terme d'une période la variation globale du patrimoine, a ses contre-parties dans les divers postes de l'Actif.

2. Au moment où le résultat est calculé, en fin d'exercice, son emploi est déjà acquis.

3. La distribution d'une partie du résultat se fait pendant l'exercice suivant avec les ressources dégagées au cours de ce nouvel exercice.

4. La mesure du résultat d'un exercice intervient quand ce résultat est déjà employé. Mais elle sert à décider a priori de l'emploi du résultat dégagé par l'exercice suivant.

SOLUTIONS DE FAITES-LE VOUS-MÊME

Exercice de la page 147

A l'actif, trois postes ont augmenté		Au passif, deux postes ont augmenté	
Matériel de transport	: + 9 000	Résultat	: + 29 500
Clients	: + 13 500	Fournisseurs	: + 5 000
Banque	: + 12 000		
	+ 34 500		+ 34 500

→ TESTEZ VOS CONNAISSANCES

Le groupe B-G communique ses documents de synthèse relatifs à l'exercice 20-N. On extrait *du Bilan les données suivantes (en milliers de €) :*

ACTIF	20-N	20-N-1	PASSIF	20-N	20-N-1
ACTIF IMMOBILISÉ	10 024 291	5 770 622	CAPITAUX PROPRES	5 446 494	5 122 228
ACTIF CIRCULANT (sauf trés.)	4 643 840	5 135 717	dont Report à nouveau	21 076	166 231
TRÉSO-RERIE	31 429	92 393	dont Résultat de l'exercice	639 327	1 487 933
TOTAL	14 699 560	10 998 732		14 699 560	10 998 732

L'assemblée générale des actionnaires s'est tenue le 18 mai 20-N+1. A cette occasion, le conseil d'administration a formulé la proposition suivante :

« Le bénéfice de l'exercice 20-N s'élève à 639 327 €. Compte tenu d'un report à nouveau au 31/12/20-N–1 de 21 076 €, le montant total à affecter s'élève à 660 403 €.

Nous vous proposons l'affectation suivante :

- réserves : 77 472 €
- dividendes : 249 480 €
- report à nouveau : 333 451 € »

Le compte rendu de l'AG du 18 mai comporte la quatrième résolution votée ce jour-là :

« L'AG approuve l'affectation et la répartition des bénéfices proposées par le conseil d'administration. En conséquence, elle fixe à 22 euros net par action le dividende afférent à l'exercice 20-N, le crédit d'impôt (avoir fiscal) ressortant à 11 euros. »

– *Recherchez la définition de l'avoir fiscal. Dans le cas présent, à combien se monte le dividende global par action ?*

– *Calculez le nombre d'actions qui seront rémunérées.*

– *Sachant que le cours moyen de l'action en 20-N s'est monté à 435,40 €, quel fut le rendement de cette action ?*

Pour l'apprécier, à quels autres taux le compareriez-vous ?

— Comparez le montant des dividendes à payer, d'une part, le niveau de la trésorerie, d'autre part. Comment la société va-t-elle payer les dividendes ?

CHAPITRE XI

LES SOLDES INTERMÉDIAIRES DE GESTION (SIG)

Observez le Résultat de l'Agro-industrielle de transformation (AIT) (pp. 155 et 156). La présentation du Résultat en liste fait apparaître trois résultats intermédiaires : le résultat d'exploitation, le résultat financier et le résultat exceptionnel.

La décomposition du résultat net peut être affinée pour dégager des **soldes intermédiaires** significatifs. Le Plan comptable général définit ainsi quelques « soldes intermédiaires de gestion » (SIG).

LES SIG, QUI SONT-ILS ?

Le tableau de la page 157 « en cascade » synthétise la définition des SIG. Nous allons la reprendre, et vous calculerez vous-même chaque solde à partir de l'exemple de l'AIT.

LES PREMIERS SOLDES MESURENT LE VOLUME D'ACTIVITÉ

- Pour une entreprise de distribution, l'activité est évaluée par la **marge commerciale** = chiffre d'affaires – coût d'achat des marchandises vendues.
- Pour une entreprise de production, l'activité est évaluée par la **production de l'exercice** = production vendue +/– production stockée (variation de stocks de produits finis) + production immobilisée (production réalisée par l'entreprise pour elle-même, ex. une construction).
- Pour une entreprise cumulant des activités de production et de distribution, on ajoutera marge commerciale + production de l'exercice.

→ FAITES-LE VOUS-MÊME

Calculez la marge commerciale et la production de l'exercice de l'AIT.

	N	N–1
....	....	....
....	....	....
= Marge commerciale	....	....
....	....	....
....	....	....
....	....	....
= Production de l'exercice	....	....

Solution en fin de chapitre

COMPTE DE RÉSULTAT DE L'AIT

(en milliers d'euros)

	20-N	20-N-1
PRODUITS D'EXPLOITATION		
Ventes de marchandises	82 727	80 930
Production vendue :		
- Biens	6 312 124	6 822 243
- Services	213 367	209 064
Chiffre d'affaires net	**6 608 218**	**7 112 237**
Production stockée	- 189 917	- 821 192
Production immobilisée	12 786	17 155
Subvention d'exploitation	295 033	369 954
Reprise sur amortissements et provisions, transferts de charges	553 601	424 616
Autres produits	2 096	54 974
Total des produits d'exploitation (I)	**7 281 817**	**7 157 744**
CHARGES D'EXPLOITATION		
Achats de marchandises (et droits de douane)	76 068	74 567
Variation de stock – marchandises	+ 607	+ 243
Achats matières premières et autres approvisionnements (y compris droits de douane)	2 963 491	2 793 846
Variation de stock – matières premières et approvisionnements	+ 50 431	- 124 831
Autres achats et charges externes	1 199 515	1 240 947
Impôts, taxes et versements assimilés	991 834	934 486
Salaires et traitements	498 976	496 094
Charges sociales	201 980	206 842
Dotations d'exploitation :		
- sur immobilisations :		
dotation amortissements	239 545	231 526
dotation provisions	-	-
- sur actif circulant : dotation provisions	84 622	109 552
- pour risques et charges : dotation provisions	323 224	400 970
Autres charges	5 617	4 089
Total des charges d'exploitation (II)	**6 635 910**	**6 368 331**

1 - Résultat d'exploitation (I - II)	**+645 907**	**+789 413**
Opérations en commun :		
— Bénéfice attribué ou perte transférée (III)	825	534
— Perte supportée ou bénéfice transféré (IV)	729	—
PRODUITS FINANCIERS		
Produits financiers de participation	140 340	242 930
Produits des autres valeurs mobilières et créances de l'actif immobilisé	2 600	418
Autres intérêts et produits assimilés	12 157	19 923
Reprises sur provisions et transferts de charges	7 038	7 823
Différences positives de change	8 964	5 559
Produits nets sur cessions valeurs mobilières de placement	1 246	504
Total des produits financiers (V)	**172 345**	**277 157**
CHARGES FINANCIÈRES		
Dotations financières aux amortissements et provisions	3 993	16 329
Intérêts et charges assimilées	265 717	407 130
Différences négatives de change	7 916	12 300
Charges nettes sur cessions valeurs mobilières de placement	4	10
Total des charges financières (VI)	**277 630**	**435 769**
2 - Résultat financier (V - VI)	**−105 285**	**−158 612**
3 - Résultat courant avant impôts (I-II+III-IV+V-VI)	**+540 718**	**+631 335**
PRODUITS EXCEPTIONNELS		
Produits exceptionnels sur opérations de gestion	17 816	16 283
Produits exceptionnels sur opérations en capital	1 510 644	4 345 979
Reprises sur provisons et transferts de charges	179 154	321 899
Total des produits exceptionnels (VII)	**1 707 614**	**4 684 161**
CHARGES EXCEPTIONNELLES		
Charges exceptionnelles sur opérations de gestion	99 931	191 632
Charges exceptionnelles sur opérations en capital	1 128 019	3 265 511
Dotations exceptionnelles aux amortissements et provisions	144 697	103 723
Total des charges exceptionnelles (VIII)	**1 372 647**	**3 560 866**
4 - Résultat exceptionnel (VII-VIII)	**+334 967**	**+1 123 295**
Participation des salariés aux fruits de l'expansion **(IX)**	9 730	4 400
Impôt sur les bénéfices **(X)**	226 628	262 297
Total des produits (I + III + V + VII)	**9 162 601**	**12 119 596**
Total des charges (II + IV + VI + VIII + IX + X)	**8 523 274**	**10 631 663**
5 - Bénéfice (total des produits − total des charges)	**639 327**	**1 487 933**

LES SOLDES INTERMÉDIAIRES DE GESTION EN « CASCADE »

Ventes de marchandises – Achats de marchandises (+/– variation stock)	Production vendue (+/– Production stockée) + Production immobilisée
= Marge commerciale	**= Production de l'exercice**

– Consommations externes
(matières premières, autres achats externes)

= Valeur ajoutée (VA)

+ Subventions d'exploitation
– Impôts et taxes
– Charges de personnel

= Excédent brut d'exploitation (EBE)

+ Reprises - Dotations aux amortissements/provisions
+ Autres produits - Autres charges

= Résultat d'exploitation

+ Produits financiers - Charges financières
(y compris reprises et dotations amortis./prov.)
+ Bénéfice - Perte sur opérations en commun

= Résultat courant avant impôt

+ Résultat exceptionnel
– Participation des salariés
– Impôt sur les bénéfices

= Résultat net comptable

LA VALEUR AJOUTÉE (VA)

C'est la différence entre le volume d'activité et la valeur des consommations intermédiaires = (marge commerciale + production de l'exercice) – (coût d'achat des matières premières et autres approvisionnements + autres charges externes).

	N	N−1
Marge + Production	....	....
....	....	....
....	....	....
....	....	....
= Valeur ajoutée	....	....

L'EXCÉDENT BRUT D'EXPLOITATION (EBE)

EBE = VA + subventions d'exploitation − impôts et taxes − charges de personnel (salaires et charges sociales).

	N	N−1
Valeur ajoutée	....	....
....	....	....
....	....	....
....	....	....
= Excédent b. d'exploitation	....	....

LE RÉSULTAT D'EXPLOITATION

On sait déjà le calculer ainsi : produits d'exploitation − charges d'exploitation. On le retrouve en faisant :

EBE + (Autres produits − Autres charges) + (Reprises sur amortissements et provisions − Dotations).

	N	N−1
EBE	....	....
....	....	....
....	....	....
....	....	....
....	....	....
= Résultat d'exploitation	....	....

LE RÉSULTAT COURANT AVANT IMPÔT

C'est le « dernier » solde avant les opérations exceptionnelles = résultat d'exploitation + résultat financier (y compris reprises et dotations sur amortissements et provisions) +/− quotes-parts de résultats sur opérations faites en commun (cf. chapitre 9).

	N	N−1
Résultat d'exploitation	....	....
....	....	....
....	....	....
....	....	....
= Résultat courant	....	....

RÉSULTAT NET COMPTABLE

	N	N−1
Résultat courant	....	....
+/− Résultat exceptionnel	....	....
− Impôt sur les sociétés	....	....
− Participation salariés	....	....
= Résultat net comptable	....	....

LES SIG, QUE NOUS APPRENNENT-ILS ?

MARGE COMMERCIALE ET PRODUCTION DE L'EXERCICE

La variation de ces deux soldes peut résulter d'une variation des quantités traitées comme d'une variation des prix unitaires pratiqués.

L'EFFET-PRIX

Celui-ci a deux causes possibles :

- **L'évolution du niveau général des prix.**
  Celle-ci a une incidence globale sur les charges et elle est répercutée sur les tarifs de ventes. En période d'inflation, on calculera le taux de croissance réel en « déflatant » le taux de croissance nominale.

→ FAITES-LE VOUS-MÊME

Sachant que l'inflation a été de 3,1 % au cours de l'année N, trouvez le taux de croissance réel de la production de l'exercice N de la société AIT.

Solution en fin de chapitre

- **L'évolution du prix d'un produit particulier à l'entreprise.**
  Supposons que le prix unitaire d'un produit est à la baisse, ou seulement qu'il augmente moins vite que les

autres produits. A priori, cette évolution contrarie la progression du chiffre d'affaires. Mais cela n'a pas le même sens dans tous les cas.

Premier cas. L'entreprise a répercuté une baisse des frais de production obtenue grâce à une innovation technique, au passage à la production en série, à la chute du cours d'une matière première, à l'ouverture d'un réseau de distribution, etc. Dans ce cas, la baisse du prix de vente unitaire devrait être compensée par une augmentation des quantités vendues au détriment des concurrents.

Deuxième cas. La baisse des tarifs de l'entreprise lui est imposée par la concurrence, ou par la menace d'un nouvel entrant sur son marché. Dans ce cas, la baisse est une manœuvre défensive et contrainte, réalisée par la compression de la marge unitaire.

L'EFFET-QUANTITÉ

Il est en général mis en évidence en ces termes : « l'entreprise a perdu ou gagné telle part de marché ». La cause (outre la politique du prix éventuelle, cf. plus haut) peut tenir à : la qualité du produit, la diversité et la continuité de la gamme, l'efficacité de la distribution, les opérations de concentration, etc.

Revenons au cas de l'AIT. Cette entreprise achète une matière première MX sur les marchés mondiaux, qu'elle transforme en produit de consommation.

Comment interpréter la stagnation de sa production (+ 1,94 % en € courants, – 1,1 % en € constants) ? Voici quelques hypothèses :

Hypothèse 1. Le cours de MX a baissé et l'AIT a aussi baissé ses prix de vente unitaires. Cette hypothèse est contredite par la hausse des consommations de matières premières.

Hypothèse 2. Le marché a changé : les consommateurs modifient leurs habitudes ; la concurrence est plus agressive ; un nouveau produit de substitution qui n'a pas certains inconvénients attribués à MX se diffuse rapidement; etc.

Cette hypothèse ne peut pas être éclairée par l'analyse des comptes, mais par d'autres études (marketing).

Hypothèse 3. L'AIT a réduit sa surface dans le secteur de MX : elle l'a filialisé, ou elle en a cédé une partie, ou ... Apparemment, il y a eu une grosse opération de cession en N−1, si l'on observe les postes de Produits et Charges exceptionnels sur opérations en capital (cf. chapitre 9). Mais rien dans les comptes ne permet d'affirmer que cette cession correspond à un désengagement de l'AIT de son activité principale.

On retiendra donc que l'analyse des SIG, comme toute l'analyse financière, ouvre des pistes, chiffre des évolutions globales, mais ne peut pas à elle seule formuler un diagnostic sur l'entreprise.

LA VALEUR AJOUTÉE

C'est la première mesure de la richesse produite par l'entreprise. Elle peut être analysée à partir de trois critères :

- L'évolution du niveau de la VA d'une année sur l'autre. Il reflète l'évolution des soldes précédents (marge, production) d'une part, et des consommations intermédiaires d'autre part. Celles-ci dépendent des quantités consommées, de la productivité du travail, des tarifs des fournisseurs, etc.

- Le taux de la valeur ajoutée par rapport à l'ensemble (ventes + production). Il est un indice du degré d'intégration de l'entreprise dans sa branche d'activité, selon qu'elle ajoute plus ou moins de valeur aux biens et services qu'elle acquiert.

- Le rapport VA / effectifs moyens indique le niveau de VA produit par salarié, et s'apparente ainsi à la mesure de la productivité du travail.

→ FAITES-LE VOUS-MÊME

Quels commentaires peut-on faire à propos de la VA dans la société AIT? L'effectif moyen était de 3 493 en N et de 3 645 en N-1.

Solution en fin de chapitre

L'EXCÉDENT BRUT D'EXPLOITATION

L'EBE est un « pré- » ou un « quasi- » résultat d'exploitation. L'EBE ne prend en compte que des postes d'exploitation mais pas tous… Il « s'arrête » notamment avant les reprises (781) et dotations (681) d'amortissements et de provisions.

Comme le résultat d'exploitation, l'EBE se rapporte à l'activité normale de l'entreprise : il est indépendant de la politique financière de l'entreprise, de l'incidence de la politique fiscale des pouvoirs publics, et de l'effet des opérations à caractère exceptionnel.

Mais, à la différence du résultat d'exploitation, l'EBE est aussi indépendant du régime d'amortissement adopté.

C'est pourquoi l'EBE est considéré comme le solde le plus représentatif de l'activité de l'entreprise.

→ FAITES-LE VOUS-MÊME

Comment les dépenses de personnel d'AIT affectent-elles l'évolution de son EBE?

Solution en fin de chapitre

LE RÉSULTAT D'EXPLOITATION

Comparez le taux d'évolution de l'EBE et du résultat d'exploitation : 29,6 ou 18,2 % ; la différence est notable. On vérifie que la prise en compte privilégiée de l'EBE donne une image sensiblement différente de celle du résultat d'exploitation.

LE RÉSULTAT COURANT

Ce solde présente l'intérêt d'intégrer le résultat des opérations financières.

- Le niveau des produits financiers dépend du volume et de la structure du portefeuille de titres détenus par l'entreprise.

- Les charges financières reflètent le niveau d'endettement de l'entreprise. Leur augmentation doit se retrouver au Passif du Bilan par un endettement supplémentaire.

Dans le cas d'AIT, le résultat courant diminue de plus de 14 %. Le résultat financier est encore déficitaire, mais se redresse.

LES DERNIERS SOLDES

Le résultat exceptionnel est un solde autonome : on le calcule à part, avant de l'agréger au résultat courant. On se rappelle que les opérations exceptionnelles sont de deux types :
— Opérations de gestion (amendes, pénalités...).
— Opérations en capital : ce sont principalement les cessions d'immobilisations (compte 775 crédité au prix

de cession, compte 675 débité de la valeur comptable nette).

Pour AIT, le résultat exceptionnel est en net repli, en raison de la baisse du volume des cessions d'actifs.

Quant au résultat net, malgré une baisse sensible de l'impôt sur les bénéfices, il chute de près de 60 %.

RÉSUMÉ

1. Les SIG sont des « parties » du résultat global. Ils permettent d'isoler l'effet de chaque type d'opération sur le résultat global.

2. Chaque SIG est calculé à partir du précédent, en lui rajoutant un groupe de produits, et en lui soustrayant un groupe de charges.

3. Les SIG sont des indicateurs : ils permettent de chiffrer des évolutions, ils ne donnent pas eux-mêmes des clés d'analyse.

SOLUTIONS DE FAITES-LE VOUS-MÊME

Exercice de la page 155

	N	N−1
Ventes de marchandises	82 727	80 930
− Ct achat marchandises	76 675	74 810
= Marge commerciale	6 052	6 120
Production vendue	6 525 491	7 031 307
+/− Production stockée	− 189 917	− 821 192
+ Production immobilisée	12 786	17 155
= Production de l'exercice	6 348 360	6 227 270

Exercice de la page 160

Marge + Production	6 354 412	6 233 390
− Ct achat mat. premières	3 013 922	2 669 015
− Autres charges externes	1 199 515	1 240 947
= Valeur ajoutée	2 140 975	2 323 428
+ Subventions d'exploitation	295 033	369 954
− Impôts et taxes	991 834	934 486
− Charges de personnel	700 956	702 936
= Excédent b. d'exploitation	743 218	1 055 960
+ Autres produits	2 096	54 974
− Autres charges	5 617	4 089
+ Reprises ...	553 601	424 616
− Dotations ...	647 391	742 048
= Résultat d'exploitation	645 907	789 413
+ Produits financiers	172 345	277 157
− Charges financières	277 630	435 769
+ Quote-part (bénéfice)	825	534
− Quote-part (perte)	729	
= Résultat courant	540 718	631 335
+/− Résultat exceptionnel	334 967	1 123 295
− Impôt sur les sociétés	226 628	262 297
− Participation salariés	9 730	4 400
= Résultat net comptable	639 327	1 487 933

En euros courants, la production de l'exercice a augmenté en N de

(6 354 412 – 6 233 390) / 6 233 390 = + 1,94 %.

Mais l'inflation de 3,1 % à l'année N fausse le calcul : « l'euro N » vaut moins que « l'euro N–1 ». On va donc évaluer la production N–1 en euros N. Celle-ci aurait valu un an plus tard

6 233 390 × 1,031 = 6 426 625.

Le taux de croissance réel (en euros N) de la production est alors de :

(6 354 412 – 6 426 625) / 6 426 625 = – 1,12 %.

Une croissance nominale de 1,94 % cache une baisse en volume de 1,12 %.

Exercice de la page 163

La VA baisse de 7,8 % en N par rapport en N–1 (le taux réel est supérieur, compte tenu de l'inflation). La VA évolue donc plus négativement que la production : c'est que les consommations intermédiaires ont augmenté sensiblement.

Le taux de VA baisse logiquement de 37,3 % à 33,7 %.

Le ratio de productivité, qui était de 637 milliers d'euros en N–1, passe à 613 milliers d'euros en N, soit une baisse de 3,8 %.

Exercice de la page 163

L'EBE baisse de 29,6 %, amplifiant encore la mauvaise performance de la VA. On note une baisse des subventions d'exploitation (– 20,3 %), et une hausse des impôts et taxes (+ 6,1 %). Au contraire, les charges de personnel, en baisse nominale, confortent l'EBE.

→ TESTEZ VOS CONNAISSANCES

Voici le Résultat de la Société RIBLE. Calculez les SIG pour les années N−1 et N, en utilisant le tableau des SIG ci-après préconisé par le Plan comptable général.

	N−2	N−1	N
Production vendue	94 310	97 985	100 425
Production stockée	1 915	− 740	2 450
PRODUITS D'EXPLOITATION	96 225	97 245	102 875
Achats de matières premières	76 380	75 350	80 045
Variation de stocks mat. premières	− 420	− 1 980	1 640
Autres charges externes	1 450	1 940	2 380
Impôts, taxes et versements assimilés	190	215	238
Salaires	12 480	12 730	12 970
Charges sociales	5 390	5 470	5 580
Dotations aux amortissements et prov.	510	1 140	2 160
CHARGES D'EXPLOITATION	95 980	94 865	105 013
RÉSULTAT D'EXPLOITATION	245	2 380	− 2 138
Produits de participation	78	53	247
Produits d'autres valeurs mobilières	502	532	2 013
Reprises de provisions	27		55
PRODUITS FINANCIERS	607	585	2 315
Intérêts et charges assimilées	56	955	227
Dotations aux provisions	42	42	53
CHARGES FINANCIÈRES	98	997	280
RÉSULTAT FINANCIER	509	− 412	2 035
Produits exc. sur opér. en capital	12		340
Charges exc. sur opér. en capital	8		230
RÉSULTAT EXCEPTIONNEL	4		110
Participation des salariés	40	10	20
Impôt sur les bénéfices	580	265	440
RÉSULTAT NET	138	1 693	− 453

Solution en fin de livre

TABLEAU DES SOLDES INTERMÉDIAIRES DE GESTION

Produits (Colonne 1)		**Charges** (Colonne 2)		**Soldes intermédiaires des exercices** (Colonne 1 - Colonne 2)	**N**	**N–1**
Ventes de marchandises	....	Coût d'achat des marchandises vendues	....	• Marge commerciale	....	....
Production vendue	....					
Production stockée	....	ou Déstockage de production (1)	....			
Production immobilisée	....					
Total	....	**Total**	....	• Production de l'exercice	....	....
• Production de l'exercice	....					
• Marge commerciale	....					
Total	....	Consommation de l'exercice en provenance de tiers	....	• Valeur ajoutée	....	....
• Valeur ajoutée	....	Impôts, taxes et versements assimil. (2)	....			
Subventions d'exploitation	....	Charges de personnel	....			
Total	....	**Total**	....	• Excédent brut (ou Insuffisance brute) d'exploitation	....	....
• Excédent brut d'exploitation	....	• ou Insuffisance brute d'exploitation	....			
Reprises sur charges et transferts de charges	....	Dotations aux amortissements et aux provisions	....			
Autres produits	....	Autres charges	....			
Total	....	**Total**	....	• Résultat d'exploitation (bénéf. ou perte)	....	....

• Résultat d'exploitation Quotes-parts de résultat sur opérations faites en commun Produits financiers	....	• ou Résultat d'exploitation Quotes-parts sur opérations faites en commun Charges financières	....			
Total	....	**Total**	....	• Résultat courant avant impôts (bénéfice ou perte)	....	....
Produits exceptionnels	....	Charges exceptionnelles	....	• Résultat exceptionnel (bénéfice ou perte)	....	....
• Résultat courant avant impôts • Résultat exceptionnel	....	• ou Résultat courant avant impôts • ou Résultat exceptionnel Participation des salariés Impôts sur les bénéfices	....			
Total	....	**Total**	....	Résultat de l'exercice (bénéf. ou perte) (3)	....	....
Produits des cessions d'éléments d'actif	....	Valeur comptable des éléments cédés	....	Plus-values et moins-values sur cessions d'éléments d'actif	....	....

(1) En déduction des produits dans le compte de résultat.
(2) Pour le calcul de la valeur ajoutée, sont assimilés à des consommations externes, les impôts indirects à caractère spécifique inscrits au compte 635 « Impôts, taxes et versements assimilés » et acquittés lors de la mise à la consommation des biens taxables.
(3) Soit total général des produits – total des charges.

CHAPITRE XII

LE POINT DE VUE DE LA BANQUE DE FRANCE (CENTRALE DES BILANS)

La « Centrale des bilans » de la Banque de France est un organisme qui centralise chaque année les documents de synthèse des entreprises adhérentes.

— Avantage pour la Banque de France : suivre l'évolution de la « santé » des entreprises.

— Avantage pour les entreprises : la publication des résultats globaux par branche d'activité permet à chaque entreprise de se situer parmi ses concurrentes.

La pratique de l'analyse financière a conduit la Centrale des bilans à introduire quelques modifications dans les recommandations du Plan comptable général. La présentation du point de vue de la Centrale des bilans présente un double intérêt :

— Celui de montrer la relativité des choses... Exemple : la définition de la valeur ajoutée prête à discussion.

— Celui de faire connaître une méthode de plus en plus répandue, parce qu'elle semble plus proche de la réalité économique.

LES SIG VUS PAR LA CENTRALE DES BILANS (CDB)

Les SIG, dans la présentation du Plan comptable général, suivent le classement des comptes. Or, la CDB opère certains retraitements justifiés par une logique économique.

→ FAITES-LE VOUS-MÊME

Le Résultat de la chaîne d'hypermarchés HYPERCUTE pour les années N et N−1 vous est communiqué. Vous calculez les SIG en adoptant la méthode de la Centrale des Bilans.

Au début, pas de changement, sauf pour les subventions d'exploitation.

(Vous ferez les calculs en millions de francs, en arrondissant au million le plus proche).

	N	N−1
Marge commerciale	....	....
=	....	....
....	....	....
....	....	....
....	....	....
....	....	....
= Production de l'exercice	....	....

Solution en fin de chapitre

HYPERCUTE S.A.

COMPTE DE RÉSULTATS DE L'EXERCICE

(en milliers d'euros)

	Exercice clos le 31.12.20-N	*Exercice clos le 31.12.20-N–1*
Produits d'exploitation		
Vente de marchandises	15 884 130	14 815 968
Production vendue		
- biens	474	928
- services	685 704	610 102
Chiffre d'affaires net	16 570 308	15 426 998
Production immobilisée	–	75
Subventions d'exploitation	925	–
Reprise sur amortissements et provisions, transfert charges	117 503	135 024
Autres produits	36	7
Total des Produits d'Exploitation	16 688 772	15 562 104
Charges d'exploitation		
Achat marchandises	13 582 803	12 764 757
Variation de stock (marchandises)	(33 905)	(181 216)
Autres achats et charges externes	976 254	936 387
Impôts, taxes et versements assimilés	177 317	152 180
Salaires et traitements	911 859	914 026
Charges sociales	380 739	371 224
Dotations d'exploitation :		
- sur immobilisations : dotations aux amortissements	170 683	146 853
- sur immobilisations : dotations aux provisions	410	465
- sur actif circulant : dotations aux provisions	32 635	33 779
- pour risques et charges : dotations aux provisions	15 921	18 881
Autres charges	30 004	27 331
Total des Charges d'Exploitation	16 244 720	15 184 667
Résultat d'exploitation	**444 052**	**377 437**
Opérations en commun		
Bénéfice attribué ou perte transférée	10	–
Produits financiers		
Produits financiers de participation	1 646	997
Produits autres valeurs mobilières et créances actif immobilisé	28 794	26 967
Autres intérêts et produits assimilés	27 990	7 507
Reprise sur provisions et transfert de charges	484	716
Différence positive de change	207	93
Produits nets sur cessions valeurs mobilières de placement	17 895	6 165
Total des Produits Financiers	77 016	42 445

Charges financières		
Dotations financières aux amortissements et provisions	10 564	2 503
Intérêts et charges assimilées	80 467	65 465
Différence négative de change	967	31
Charges nettes sur cessions de valeurs mobilières de placement	447	108
Total des Charges Financières	92 445	68 107
Résultat financier	**(15 429)**	**(25 662)**
Résultat courant avant impôts	**428 633**	**351 775**
Produits exceptionnels		
Produits exceptionnels sur opérations de gestion	56 413	134 639
Produits exceptionnels sur opérations en capital	32 165	2 144
Reprise sur provisions et transfert charges	26 629	34 746
Total des Produits Exceptionnels	115 207	171 529
Charges exceptionnelles		
Charges exceptionnelles sur opérations de gestion	103 710	93 254
Charges exceptionnelles sur opérations en capital	32 799	81 196
Dotations exceptionnelles aux amortissements et provisions	52 591	22 751
Total des Charges Exceptionnelles	189 100	197 201
Résultat exceptionnel	**(73 893)**	**(25 672)**
Participation Salariés	29 577	31 558
Impôt sur les Sociétés	142 037	145 558
Total des produits	**16 881 005**	**15 776 078**
Total des charges	**16 697 879**	**15 627 091**
Bénéfice ou perte	**183 126**	**148 987**

Puis, interviennent des retraitements qui affectent le calcul de la valeur ajoutée.

IMPÔTS, TAXES ET VERSEMENTS ASSIMILÉS

Le PCG ne les inclut pas dans les consommations intermédiaires (sauf le montant correspondant au compte 635).

La CDB considère que TOUT le poste « impôts, taxes... » est le prix d'un service extérieur : par exemple, la taxe professionnelle, impôt local, rémunère des services de voierie, d'administration, etc. En conséquence, tous les impôts et taxes sont à déduire du produit AVANT le calcul de la valeur ajoutée.

LES SUBVENTIONS D'EXPLOITATION

Le PCG n'intègre les subventions d'exploitation qu'après le calcul de la VA. Non, dit la CDB : les subventions d'exploitation doivent être ajoutées à la production, car elles sont une compensation versée à l'entreprise pour une obligation qui lui est faite.

→ FAITES-LE VOUS-MÊME

Marge + Production	....	....
....	....	....
....	....	....
= Valeur ajoutée	....	....

CHARGES DE PERSONNEL

Dans le PCG, les dépenses de personnel sont réparties entre trois comptes, selon une logique juridique et fiscale :

64 Rémunération du personnel
621 Personnel extérieur
691 Participation des salariés aux résultats

La CDB estime que ces trois comptes représentent le même type de dépense, et doivent être regroupés d'un point de vue analytique.

Ce retraitement va affecter le calcul de l'EBE d'Hypercute.

→ **FAITES-LE VOUS-MÊME**

	N	N−1
Valeur ajoutée	....	....
....	....	....
....	....	....
....	....	....
= Excédent b. d'exploitation	....	....

LE CRÉDIT-BAIL

Le crédit-bail a pris pour certaines entreprises une grande importance dans le financement des investissements.

Juridiquement, le crédit-bail s'apparente à une location : on verse une redevance, assimilable à un loyer, on n'est pas propriétaire du bien. Par conséquent, les versements du crédit-bail apparaissent dans un compte de charge (612).

Economiquement, les biens financés par crédit-bail sont des quasi-immobilisations. Une entreprise peut financer une grande partie de ses investissements en crédit-bail, sans qu'ils apparaissent dans les immobilisations... On mesure l'écart entre le point de vue juridique fidèlement reflété par le PCG et la réalité économique.

La CDB retraite donc les redevances de crédit-bail en deux éléments :

— L'un est le montant de la dotation aux amortissements qui serait pratiquée si le bien était la propriété formelle de l'entreprise.

LES SIG EN « CASCADE »
VUS PAR LA CENTRALE DES BILANS

Ventes de marchandises
– Achats de marchandises
(+/– variation stock)

Production vendue
(+/– Production stockée)
+ Production immobilisée
+ *Subventions d'exploitation*

= Marge commerciale

= Production de l'exercice

– Consommations externes
(matières premières, autres achats externes,
impôts et taxes inclus, crédit-bail et personnel extérieur exclus)

= Valeur ajoutée (VA)

– Charges de personnel
(y compris personnel extérieur et participation)

= Excédent brut d'exploitation (EBE)

+ Reprises - Dotations aux amortissements/provisions
+ Autres produits - Autres charges

= Résultat d'exploitation

+ Produits financiers - Charges financières
(y compris reprises et dotations amortis./prov.)
+ Bénéfice - Perte sur opérations en commun

= Résultat courant avant impôt

+ Résultat exceptionnel
– Impôt sur les bénéfices

= Résultat net comptable

(Ce tableau reprend les principaux changements par rapport au Plan comptable. Ils figurent en italiques.)

– L'autre, par déduction, correspond aux charges financières que l'entreprise supporterait pour l'emprunt qu'elle aurait dû contracter afin d'acquérir le bien.

Exemple, 30 000 € de crédit-bail ont été enregistrés pour un camion. On les retire des autres charges externes. La même année, l'amortissement d'un camion acquis aurait été de 20 000 : + 20 000 au poste dotation. Il reste à rajouter 10 000 aux charges financières.

Dans le cas d'Hypercute, on négligera le crédit-bail.

Il reste à terminer le calcul des SIG.

→ FAITES-LE VOUS-MÊME

EBE	....	....
....	....	....
....	....	....
....	....	....
....	....	....
= Résultat d'exploitation	....	....
....	....	....
....	....	....
= Résultat courant	....	....
+/– Résultat exceptionnel	....	....
– Impôt sur les bénéfices	....	....
= Résultat net comptable	....	....

Les retraitements préconisés par la Centrale des bilans ont-ils une influence significative ? Ils modifient en particulier la mesure de la valeur ajoutée.

On le vérifiera sur un exemple.

→ FAITES-LE VOUS-MÊME

Reprenez le Résultat de la société AIT (chapitre précédent). Recalculez ses SIG avec la méthode de la CDB. Et comparez-les avec les soldes calculés avec la méthode du PCG.

Solution en fin de chapitre

POUR UNE POIGNÉE DE RATIOS...

La CDB a défini 36 ratios calculés pour chaque entreprise et pour chaque branche d'activité.
— Certains de ces ratios ne concernent que des éléments du Bilan : structure de l'Actif, structure du Passif, proportion entre masses de l'Actif et du Passif.
— D'autres mettent en rapport des éléments du Résultat et des éléments du Bilan. Exemple : taux de rentabilité = EBE / capital moyen d'exploitation.
— Certains ratios ne concernent que des éléments du Résultat. Vous allez calculer quatre d'entre eux.

→ FAITES-LE VOUS-MÊME

Le fascicule de Résultats publié par la CDB pour la branche « Exploitation d'hypermarchés » fournit la valeur des ratios pour quatre classes d'entreprises réparties selon la taille de leur V.A.

Voici les résultats de quatre ratios pour les hypermarchés de la taille d'Hypercute à l'année N.

	BRANCHE	HYPERCUTE
Taux de variation du chiffre d'affaires :	7,5	....
Taux de variation de la valeur ajoutée :	7,2	....
Taux de marge commerciale :	17,7	....
Taux de valeur ajoutée :	11,3	....

Solution en fin de chapitre

I
LES RATIOS

I-1. ACTIVITÉ ET VALEUR AJOUTÉE

R 1	Taux de variation du chiffre d'affaires	%
R 2	Taux de variation du volume d'affaires traitées	%
R 3*	Taux de variation de la valeur ajoutée	%

I-2. STRUCTURE

R 4	Taux d'exportation	%
R 5	Taux de marge commerciale	%
R 6	Taux de valeur ajoutée	%
R 7	Coefficient de capital	F

I-3. MOYENS D'EXPLOITATION

R 8*	Equipement par salarié	KF
R 9	Rendement apparent de la main-d'œuvre	KF
R10	Rendement apparent de l'équipement	%
R11*	Taux d'investissement productif	%
R12	Taux d'emploi des ressources d'amortissement	%
R13	Délais de rotation clients	J
R14	Délais de rotation fournisseurs	J
R15	Délais de rotation stocks de marchandises	J
R16	Délais de rotation stocks de produits	J
R17	Délais de rotation stocks d'approvisionnements	J
R18*	Poids des BFR d'exploitation	J

I-4. RÉSULTATS D'EXPLOITATION

R19*	Taux de marge brute d'exploitation	%
R20*	Rentabilité brute du capital d'exploitation	%
R21	Rentabilité nette du capital d'exploitation	%

* Les ratios signalés par une astérisque figurent parmi les points-clés de l'analyse du Dossier individuel d'Entreprise.

D'EXPLOITATION

Variation chiffre d'affaires N/*Chiffre d'affaires N−1*	**
Variation volume d'affaires traitées N/*Volume d'affaires N−1*	**
Variation *Valeur ajoutée CDB N/Valeur ajoutée CDB N−1*	**

Exportation/Chiffre d'affaires	
Marge commerciale/Ventes de marchandises	
Valeur ajoutée CDB/Production, ventes de marchandises et subventions d'exploitation	
Capital d'exploitation moyen/*Valeur ajoutée CDB*	**

Equipement productif moyen/Effectifs	
Valeur ajoutée CDB/Effectifs	**
Valeur ajoutée CDB/Equipement productif moyen	**
Investissement productif/Valeur ajoutée CDB	
Investissement productif/Dotation aux amortissements sur immobilisations corporelles et en crédit-bail	
Clients + Créances cédées (en-cours moyen de l'exercice)/Volume d'affaires TC	**
Fournisseurs - Avances et acomptes versés (en-cours moyen)/Achats et charges externes TC	**
Stocks moyens de marchandises/Achats de marchandises	**
Stocks moyens de produits finis, en-cours, intermédiaires - avances et acomptes reçus/Production	**
Stocks moyens de matières premières et approvisionnements/Achats TC de matières premières et approvisionnements	**
BFR Exploitation moyen/Volume d'affaires HT	**

Excédent brut d'exploitation Centrale de Bilans/Volume d'affaires HT	
Excédent brut d'exploitation Centrale de Bilans/*Capital d'exploitation moyen*	**
Excédent d'exploitation Centrale de Bilans/*Capital d'exploitation moyen*	**

** Les termes des ratios sont ramenés à un an lorsque la durée de l'exercice est différente de 12 mois. Quand l'un des termes en italique prend une valeur ≤ 0, le ratio correspondant n'est pas calculé.

II
LES RATIOS

II-1. STRUCTURE FINANCIÈRE

R22	Couverture interne du capital engagé	%
R23*	Taux d'endettement	%
R24	Part des banques dans l'endettement	%
R25	Part des crédits bancaires courants dans l'endettement	%
R26*	Couverture des capitaux investis	%
R27	Financement courant des BFR	%

II-2. MARGES ET RÉSULTATS GLOBAUX

R28.a	Répartition VA globale : Personnel	%
R28.b	Répartition VA globale : État	%
R28.c	Répartition VA globale : Groupe et associés	%
R28.d	Répartition VA globale : Prêteurs	%
R28.e	Répartition VA globale : Entreprise	%
R29	Taux de marge brute globale	%
R30	Rentabilité brute globale	%
R31	Intérêts/Chiffres d'affaires	%
R32*	Poids des intérêts	%
R33	Capacité d'endettement	%
R34	Taux d'accumulation	%
	Rentabilité financière	%

II-3. FINANCEMENT

R35	Taux d'emplois	%
R36*	Taux d'autofinancement	%

* Les ratios signalés par une astérisque figurent parmi les points-clés de l'analyse du Dossier individuel d'Entreprise.

GLOBAUX

Réserves d'autofinancement/*Capital engagé*	
Endettement + Groupe et associés créditeurs/*Financement propre* (capitaux propres + amortissements + provisions)	
Endettement bancaire/Endettement	
Crédits bancaires courants/Endettement	
Financement stable/*Capitaux investis*	
Crédits bancaires courants/BFR	

Charges de personnel/*Valeur ajoutée globale*	
Impôt sur les bénéfices/*Valeur ajoutée globale*	
Intérêts aux associés et distribution/*Valeur ajoutée globale*	
Intérêts sur endettement/*Valeur ajoutée globale*	
Autofinancement/*Valeur ajoutée globale*	
Excédent brut global/*Volume d'affaires HT*	
Excédent brut global/*Capital engagé moyen*	**
Intérêts/*Excédent brut global*	
Capacité d'autofinancement/Endettement moyen	**
Autofinancement/*Réserves d'autofinancement* (en-cours moyen)	**
Capacité d'autofinancement nette/*Financement propre*	**

Emplois nets/*Valeur ajoutée globale*	
Autofinancement/*Emplois nets*	

** Les termes des ratios sont ramenés à un an lorsque la durée de l'exercice est différente de 12 mois. Quand l'un des termes en italique prend une valeur ⩽ 0, le ratio correspondant n'est pas calculé.

RÉSUMÉ

1. L'analyse financière peut s'éloigner des critères juridiques retenus par le Plan comptable général. Des retraitements de postes sont pratiqués.

2. Les deux méthodes, Plan comptable ou Centrale des Bilans, ont leur propre logique. Elles démontrent, par leur existence même, que des notions comme la valeur ajoutée restent sujettes à interprétation.

SOLUTIONS DE FAITES-LE VOUS-MÊME

Exercice de la page 174

SOLDES INTERMÉDIAIRES DE GESTION (CDB) DE HYPERCUTE

(en millions d'euros)

	N	N–1
Vente de marchandises	15 884	14 816
– Ct achat march. vendues	13 549	12 584
= Marge commerciale	2 335	2 232
Production vendue	686	611
Production immobilisée		
Subventions d'exploitation	1	
= Production de l'exercice	687	611

Exercice de la page 177

Marge + Production	3 022	2 843
– Autres achats et ch. externes	976	936
– Impôts et taxes	177	152
= Valeur ajoutée	1 869	1 755

Exercice de la page 178

– Salaires	912	914
– Charges sociales	381	371
– Participation des salariés	30	32
= Excédent b. d'exploitation	546	438

Exercice de la page 180

+ Autres produits		
– Autres charges	30	27
+ Reprises A/P/	118	135
– Dotations A/P	220	200
= Résultat d'exploitation	414	346
+ Produits financiers	77	42
– Charges financières	92	68
= Résultat courant	399	320
+/– Résultat exceptionnel	74	26
– Impôt sur les sociétés	142	146
= Résultat net comptable	183	148

Exercice de la page 180

SOLDES INTERMÉDIAIRES DE GESTION (CDB) DE L'AIT

	N	N-1
Ventes de marchandises	82 727	80 930
– Ct Achat des march. vendues	76 675	74 810
MARGE COMMERCIALE	6 052	6 120
Production vendue	6 525 491	7 031 307
+/– Production stockée	– 189 917	– 821 192
Production immobilisée	12 786	17 155
PRODUCTION	6 348 360	6 227 270
SUBVENTION D'EXPLOITATION	295 033	369 954
– Ct achat matières premières	2 913 060	2 918 677
– Autres charges externes	1 199 515	1 240 947
– Impôts et taxes	991 834	934 486
VALEUR AJOUTÉE	1 444 174	1 758 896
– Salaires	498 976	496 094
– Charges sociales	201 980	206 842
– Participation	9 730	4 400
EXCÉDENT BRUT D'EXPLOITATION	733 488	1 051 560
+ Autres produits	2 096	54 974
– Autres charges	5 617	4 089
+ Reprises et transferts	553 601	424 616
– Dotations	647 391	742 048
RÉSULTAT D'EXPLOITATION	636 177	785 013
+ Quote-part de bénéfice	825	584
– Quote-part de perte	729	
+ Produits financiers	172 345	277 157
– Charges financières	277 630	435 769
RÉSULTAT COURANT	530 988	626 935
RÉSULTAT EXCEPTIONNEL	334 967	1 123 295
– Impôt sur les bénéfices	226 628	262 297
RÉSULTAT NET	639 327	1 487 933

Exercice de la page 181

	BRANCHE	HYPERCUTE
Taux de variation du chiffre d'affaires :	7,5	7,4
Taux de variation de la valeur ajoutée :	7,2	6,5
Taux de marge commerciale :	17,7	14,7
Taux de valeur ajoutée :	13,4	11,3

→ TESTEZ VOS CONNAISSANCES

Les résultats N et N–1 de la Société de Fabrication de Matériaux (SFM) vous sont communiqués. Vous établissez le tableau des SIG (CDB) en milliers d'euros.

COMPTE DE RÉSULTAT

(en euros)

	20-N	*20-N–1*
Produits d'exploitation :		
- Ventes de marchandises	35 122 590,43	29 861 968,87
- Production vendue	3 551 343 360,66	3 255 902 987,92
• Ventes	3 519460 662,62	3 229 042 440,68
• Prestations de service	31 882 698,04	26 860 547,24
Montant net du chiffre d'affaires dont à l'exportation 74 238 228,53	3 586 465 951,09	3 285 764 956,79
- Production stockée	- 40 657 873,04	26 167 675,73
- Production immobilisée	5 343 893,12	11 034 324,34
- Subvention d'exploitation	260 837,90	957 229,63
- Reprise sur provisions et amortissements	20 710 752,93	22 655 296,59
- Autres produits	26 306 222,50	20 883 290,74
Total I	**3 598 429 784,50**	**3 367 462 773,82**
Charges d'exploitation :		
- Achats de marchandises	29 740 425,59	25 649 233,24
• Variation de stock	- 715 352,00	29 917,61
- Achats de matières premières	129 407 099,45	128 561 168,61
- Achats d'autres approvisionnements	611 906 290,65	595 153 056,53
• Variation de stock	- 33 273 866,82	- 4 633 813,12
- Autres charges externes		
• Achats non stockés de matières ou fournitures	226 374 952,74	225 953 789,21
- Services extérieurs	709 932 444,91	612 057 418,08
• Personnel extérieur	13 217 433,92	10 927 686,66
• Loyers en crédit-bail	27 939 929,30	27 393 986,12
• Autres	668 775 081,69	573 735 745,30
- Impôts, taxes et versements assimilés	111 028 201,63	100 833 451,67
• Sur rémunérations	5 939 176,68	6 399 000,19
• Autres	105 089 024,95	94 434 451,48
- Charges de personnel	619 270 365,12	606 092 978,33
• Salaires et appointements	418 528 142,86	411 849 863,06
• Charges sociales	200 742 222,26	194 243 115,27

— Dotations aux amortissements et provisions	259 999 727,54	247 757 493,32
• Sur immobilisations : dotations aux amortissements	232 061 268,75	217 766 380,45
• Sur immobilisations : dotations complémentaires aux comptes d'amortissements dues à la réévaluation	5 659 450,33	6 846 276,82
• Sur actif circulant : dotations aux provisions	6 310 244,46	8 326 718,05
• Pour risques et charges : dotations aux provisions	15 968 764,00	14 818 118,00
— Autres charges	2 967 903,46	3 304 818,54
Total II	**2 666 638 193,27**	**2 540 759 512,02**
1. Résultat d'exploitation (I – II)	**931 791 591,23**	**826 703 261,80**
Quotes-parts de résultat sur opérations faites en commun :		
— **Bénéfice transféré III**	**130 422,32**	**297 842,51**
— **Perte transférée IV**		
Produits financiers :		
— De participation	75 033 360,39	63 302 792,23
— D'autres valeurs mobilières et créances de l'actif immobilisé	12 883 399,73	9 656 426,53
— Autres intérêts et produits assimilés	29 195 605,03	9 371 169,08
— Reprises sur provisions	7 104,68	273 745,80
— Différences positives de change	1 266 131,86	71 406,83
Total V	**118 385 601,69**	**82 675 540,47**
Charges financières :		
— Dotations aux amortissements et provisions	15 562 987,91	18 563 568,03
— Intérêts et charges assimilés	126 901 106,82	140 334 051,16
— Différences négatives de change	7 071 073,46	2 765 634,07
— Charges nettes sur cession de valeurs mobilières de placement	20 961 895,84	
Total VI	**170 497 064,03**	**161 663 253,26**
2. Résultat financier (V – VI)	**–52 111 462,34**	**–78 987 712,79**
3. Résultat courant avant impôts (I – II + III – IV + V – VI)	**879 810 551,21**	**748 013 391,52**
Produits exceptionnels :		
— Sur opérations de gestion	192 859,03	403 343,49
— Sur opérations en capital	452 362 868,38	15 148 257,27
• Subventions d'investissement virées au résultat de l'exercice	2 955 712,72	4 234 731,65
• Produits des cessions d'éléments d'actif	448 585 674,75	6 455 880,47
• Autres	821 480,91	4 457 645,15
— Reprises sur provisions et transfert de charges	105 121 904,42	89 896 209,45
Total VII	**557 677 631,83**	**105 447 810,21**

Charges exceptionnelles :			
— Sur opérations de gestion		40 955 834,10	89 252 275,63
— Sur opérations en capital		444 973 642,02	3 523 264,38
• Valeurs comptables des éléments immobilisés et financiers cédés		444 973 642,02	3 523 264,38
— Dotations aux amortissements et provisions		184 816 641,32	196 497 998,64
Dotations aux provisions réglementées		83 558 608,49	84 543 578,40
Dotations aux amortissements et autres provisions		101 258 032,83	111 954 420,24
Total VIII		**670 746 117,44**	**289 273 538,65**
4. Résultat exceptionnel (VII − VIII)		**−113 068 485,61**	**−183 825 728,44**
Participation des salariés (suppl. contrôle fiscal)			**2 242 114,00**
Participation des salariés aux fruits de l'expansion	**IX**	**28 218 200,00**	**17 311 300,00**
Impôts sur les bénéfices	**X**	**265 208 136,00**	**203 787 938,00**
Impôts sur redressement fiscal			**9 028 710,00**
Total des produits I + III + V + VII		**4 274 623 440,34**	**3 555 883 967,01**
Total des charges II + IV + VI + VIII + IX + X		**3 801 307 710,74**	**3 224 066 365,93**
Bénéfice		**473 315 729,60**	**331 817 501,08**

Solution en fin de livre

CHAPITRE XIII

LA CAPACITÉ D'AUTOFINANCEMENT

DÉFINITION

Notre société a dégagé un résultat bénéficiaire de 250 000 €. Ces 250 000 € se retrouvent dans l'augmentation des Actifs de l'entreprise, et au passif dans la diminution de son endettement et dans l'augmentation de ses capitaux propres.

Comme le Résultat, la CAF est mesurée a posteriori, et elle permet dans une perspective dynamique de prévoir l'affectation des bénéfices à venir.

La CAF présente deux différences principales avec le Résultat :

1. La CAF est calculée à partir des seules charges qui sont des décaissements, et des seuls produits qui sont des encaissements : elle neutralise donc l'effet des Dotations et les Reprises d'amortissements et de provisions.

Rappel. Les écritures de dotations consistent à débiter les comptes 681, 686 ou 687 par le crédit d'un compte d'amortissement ou de provision 28, 39..., etc.

Les écritures de reprises consistent à créditer les comptes 781, 786 et 787 par le débit d'un compte d'amortissement ou de provision.

Ni la charge de dotation, ni le produit de reprise ne correspondent à un mouvement d'argent.

Précisément, la capacité d'autofinancement n'est pas affectée par les « fausses » charges, ni par les « faux » produits. Pour trouver la CAF, il faut « redresser » le résultat comptable.

Exemple. 250 000 de résultat + 38 000 de dotations de l'exercice – 12 000 de reprises = 276 000.

2. La CAF est calculée hors résultat exceptionnel : les plus-values et les moins-values des cessions d'actifs ne sont pas pris en compte.

Rappel. Les plus- ou moins-values apparaissent comme différence d'un produit exceptionnel (775) et d'une charge exceptionnelle (675). Or, si le compte 775 correspond bien à un encaissement, le compte 675 n'enregistre pas un décaissement. On va réintégrer le montant du compte 675, et par cohérence, on va également neutraliser le compte 775.

Exemple. 276 000 − 25 000 (prix de cession) + 13 000 (valeur nette comptable) = 264 000.

Finalement, dans cet exemple, le Résultat est de 250 000, la CAF est de 264 000.

La CAF est un « résultat » des flux monétaires, à l'exception des produits de cession. Du point de vue des choix d'investissement et de leurs modes de financement, la CAF est donc plus significative que le Résultat.

DEUX MODES DE CALCUL

A PARTIR DE L'EXCÉDENT BRUT D'EXPLOITATION (EBE)

Rappel. L'EBE est le dernier solde « avant » amortissements et provisions.

Donc, en partant de l'EBE pour calculer la CAF, il suffit de ne pas prendre en compte les « faux » produits ou charges.

CAF = EBE + autres produits encaissables
(tous sauf 781, 786, 787,
775 produits de cession
777 subvention d'équipement
virée au résultat)
– autres charges décaissables
(toutes sauf 681, 686, 687, 675
valeur comptable des éléments cédés)

A PARTIR DU RÉSULTAT COMPTABLE (RC)

CAF = RC + charges non décaissables
(681, 686, 687 et 675)
– produits non encaissables
(781, 786, 787)
– 775 produits de cession
– 777 subvention d'équipement
virée au résultat

→ FAITES-LE VOUS-MÊME

A partir des soldes intermédiaires de l'AIT (chapitre précédent), calculez la CAF selon les deux méthodes ci-dessus.

Solution en fin de chapitre

SIG ET CAF : UN TABLEAU DE FLUX SYNTHÉTIQUE

Observez le tableau suivant. Il a été établi par l'agence d'une grande banque commerciale, la Banque Générale de Crédit (BGC). L'agence de la BGC a dépouillé les documents financiers d'une entreprise qui sollicitait un crédit.

Jusqu'à l'EBE, vous reconnaissez le tableau des SIG (ici, façon PCG). Et à partir de l'EBE, le tableau « bifurque » : il s'oriente vers le calcul de la capacité d'autofinancement. Notez au passage que le « résultat brut d'exploitation » est proche du « résultat courant avant impôt » défini par le Plan comptable général.

Ce type de tableau a le double avantage de faire apparaître sur le même document :
– les deux SIG importants que sont la Valeur ajoutée et l'EBE, qui reflètent la qualité de l'exploitation de l'entreprise;
– la CAF qui permet d'apprécier son potentiel d'investissement.

C'est pourquoi les tableaux de synthèse des flux sont prisés par les analystes financiers, ceux des banques en particulier.

DÉPOUILLEMENT DES DOCUMENTS FINANCIERS

REGION :
GROUPE :
AGENCE :

Raison sociale :
Code APE (4 chiffres) :
Code SIREN (9 chiffres) :
Nature de l'activité principale :

(en milliers d'euros sans décimale)

Exercice	20-N-2		20-N-1		20-N	
Chiffre d'affaires T.T.C.						
Chiffre d'affaires net		20 972		21 558		22 916
± Production stockée						
+ Production immobilisée						
+ Autres produits et subventions d'exploitation		15		14		52
= Activité	**100 %**	**20 987**	**100 %**	**21 572**	**100 %**	**22 968**
– Achats		17 762		18 292		19 298
± Variation de stocks Marchandises - Matières premières et Approvisionnements		– 27		– 6		+ 30
± Solde des différences de change sur opérations liées à l'activité courante						
= Marge brute	**15,23 %**	**3 198**	**15,23 %**	**3 286**	**15,8 %**	**3 640**
– Autres achats et charges externes (hors crédit-bail) et autres charges d'exploit. dont 111 Sous-traitance		680		632		671
= Valeur ajoutée	**12 %**	**2 518**	**12,3 %**	**2 654**	**12,9 %**	**2 969**
– Frais de personnel		1 862		1 941		2 139
– Impôts, taxes et versements assimilés		132		135		139
= Excédent brut d'exploitation		**524**		**578**		**691**
– Redevances de crédit-bail						
– Intérêts (payés) et charges assimilées		35		39		52
+ Intérêts (reçus) et produits assimilés						
+ Produits financiers de l'actif immobilisé (sur créances et autres titres immobilisés)						
± Solde des opérations en commun						
– Dot. aux prov. pour dépréciation sur actif circulant		3		2		4
= Résultat brut d'exploitation		**486**		**537**		**635**

– Participation des salariés			
– Impôt sur les bénéfices	301	233	291
= Capacité d'autofinancement	**185**	**304**	**344**
+ Produits financiers de participations (dividendes)	38	23	46
– Dotation amortissements et prov. pour immobilisations		76	79
– Dotation aux provisions pour risques et charges			
± Solde des opérations en capital			
± Soldes des autres opérations à caractère financier, exceptionnel	+ 25	– 32	+ 2
= Résultat de l'exercice	**+ 248**	**+ 219**	**+ 313**

RÉSUMÉ

1. La CAF représente le volume réel de ressources financières que l'entreprise a dégagé par son activité. La CAF est « employée » dans différents postes de l'Actif (pas seulement dans les investissements lourds que sont les immobilisations).

2. Les ressources potentielles pour l'autofinancement peuvent être amputées par les rémunérations versées aux actionnaires. La capacité n'est pas forcément utilisée à plein.

SOLUTIONS DE FAITES-LE VOUS-MÊME

Exercice de la page 197

	N	N−1
EBE	733 488	1 051 560
+ Autres produits	2 096	54 974
− Autres charges	5 617	4 089
+ Quote-part	825	534
− Quote-part	729	—
+ Pr. Financiers (sauf reprises)	165 307	269 334
− Ch. Financières (sauf dotations)	273 637	419 440
+ Pr. Ex. (sauf cession et reprises)	17 816	16 283
− Ch. Ex. (sauf cession et dotations)	99 931	191 632
− Impôt sur les bénéfices	226 628	262 297
	312 990	515 227

	N	N−1
RNC	639 327	1 487 933
+ Dotations Ch. d'exploitation	647 391	742 048
− Reprises Ch. d'exploitation	553 601	424 616
+ Dotations Ch. financières	3 993	16 329
− Reprises Ch. financières	7 038	7 823
+ Dotations Ch. exception.	144 697	103 723
− Reprises Ch. exception.	179 154	321 899
− Produits de cession	1 510 644	4 345 979
+ Valeur comptable	1 128 019	3 265 511
	312 990	515 227

→ TESTEZ VOS CONNAISSANCES

A partir des comptes de la SPA (Société Productrice d'Aliments), reconstituez un tableau de flux identique à celui de la Banque Générale de Crédit, mais en calculant les soldes intermédiaires à la façon de la Centrale des bilans.

COMPTES DE RÉSULTAT DE LA S.P.A.

(en milliers d'euros)

	20-N	20-N–1
Montant net du chiffre d'affaires	**2 894 458**	**2 849 481**
Production stockée (variations)	21 195	(53 836)
Production immobilisée	43 362	38 389
Subventions d'exploitation	1 086	456
Reprises sur provisions et amortissements, transferts de charge	19 843	10 196
Autres produits	24 354	18 320
Total des produits d'exploitation	**3 004 298**	**2 863 006**
Achats de matières premières et autres approvisionnements	762 564	841 723
Variation des stocks	9 875	1 811
Autres achats et charges externes	911 719	795 656
Impôts, taxes et versements assimilés	63 867	65 867
Salaires et traitements	609 431	580 559
Charges sociales	234 842	228 553
Dotations aux amortissements et aux provisions :		
Sur immobilisations et charges à répartir	174 570	180 591
Sur actif circulant	5 279	10 393
Pour risques et charges	–	2 441
Autres charges	23 681	20 543
Total des charges d'exploitation	**2 795 828**	**2 728 137**
RÉSULTAT D'EXPLOITATION	**208 470**	**134 869**
Produits de participations	387 192	346 779
Produits d'autres valeurs mobilières et créances de l'actif immobilisé	14 280	29 690
Autres intérêts et produits assimilés	131 156	28 754
Reprises sur provisions et transferts de charges	88 234	204 185
Différences positives de change	730	114 070
Produits nets sur cessions de valeurs mobilières de placement	3 688	8 838
Total des produits financiers	**625 280**	**732 316**

Dotations aux amortissements et aux provisions	97 299	112 717
Intérêts et charges assimilées	309 601	185 376
Différences négatives de change	10 619	1 077
Charges nettes sur cessions de valeurs mobilières de placement	862	13 110
Total des charges financières	**418 381**	**312 280**
RÉSULTAT FINANCIER	**206 899**	**420 036**
RÉSULTAT COURANT AVANT IMPÔTS	**415 369**	**554 905**
Produits exceptionnels sur opérations de gestion	3 616	23 597
Produits exceptionnels sur opérations en capital	5 334	47 281
Reprises sur provisions et transferts de charges	235 667	135 598
Total des produits exceptionnels	**244 617**	**206 476**
Charges exceptionnelles sur opérations de gestion	114 938	58 354
Charges exceptionnelles sur opérations en capital	9 268	54 440
Dotations aux amortissements et aux provisions	87 963	158 720
Total des charges exceptionnelles	**212 169**	**271 514**
RÉSULTAT EXCEPTIONNEL	**32 448**	**(65 038)**
Participation des salariés aux fruits de l'expansion	–	–
Impôt sur les bénéfices	–	–
BÉNÉFICE DE L'EXERCICE	**447 817**	**489 867**

Solution en fin de livre

CHAPITRE XIV

L'ANALYSE DU BILAN

Pour analyser le Bilan, comme le Résultat, il est utile :
1) de regrouper les postes en grandes masses;
2) d'opérer des retraitements.

Regrouper, retraiter : selon quels critères ?

Considérons le Bilan de la Société Industrielle de Verrerie Parisienne (SIVP). Il nous aidera à illustrer deux grandes approches financières du Bilan.

ACTIF **BILAN DE LA SIVP** **PASSIF**

	Brut	Am.Pro	Net		
Immobilisations incorpor.	120	32	88	Capitaux propres	21 600
Immobilisations corporelles	32 000	8 076	23 924	Provisions/ risques et charges	740
Immobilisations financières	4 000	2 400	1 600	Dettes financières (*)	2 800
Actif immobilisé	36 120	10 508	25 612		
				Autres dettes	3 000
Stocks	920	66	854		
Créances	2 370	1 046	1 324		
Banque	300		300		
Caisse	50		50		
Actif circulant	3 640	1 112	2 528		
Total	39 760	11 620	28 140	Total	28 140
				(*) dont à moins d'un an 220 dont concours bancair. cour. 40	

L'APPROCHE PATRIMONIALE : LA SOLVABILITÉ DE L'ENTREPRISE

Le Bilan, on l'a vu (chapitre 1er), donne une image patrimoniale de l'entreprise. Le Bilan est organisé pour répondre à la question : quelle est la valeur de l'entreprise ? Et à la limite, quelle serait sa valeur de liquidation ? Est-ce que les actifs permettent de faire face aux engagements ?

Dans cette optique, l'analyse financière se focalise sur la solvabilité de l'entreprise. D'où les conséquences pour le retraitement :

— On prend les postes de l'Actif à leur valeur nette, la plus proche de leur valeur vénale.

— On élimine de l'Actif sa partie fictive, celle dont le montant est irrécouvrable ou incertain (frais d'établissement, fonds commercial) en diminuant d'autant les capitaux propres.

— On regroupe les postes selon leur échéance (dettes) ou leur durée de vie (actifs) : la barrière passant entre les postes à plus d'un an et les postes à moins d'un an.

BILAN « SOLVABILITÉ »

Actif réel à plus d'un an (net)	Capitaux permanents Capitaux propres – Actif fictif Provisions pour risques et charges Dettes à plus d'un an
Actif à moins d'un an (net)	Dettes à court terme

A partir de ce bilan, on peut calculer des ratios, parmi lesquels :
— Ratio d'indépendance financière : Capitaux propres/Dettes.
— Ratio de financement des investissements : Capitaux permanents/Actif à plus d'un an.
— Ratio de liquidité : Actif à moins d'un an/Dettes à moins d'un an.
— Ratio de solvabilité : Actif/Dettes.

→ FAITES-LE VOUS-MÊME

Établissez le Bilan « solvabilité » de la SIVP (voir page 205), et calculez ses quatre ratios.

Solution en fin de chapitre

L'APPROCHE FONCTIONNELLE : LES BESOINS DE FINANCEMENT DE L'ENTREPRISE

Le Bilan peut aussi être étudié d'un point de vue fonctionnel pour le décideur : quels sont les besoins de financement de l'entreprise ? Car ces besoins dépendent de la nature des Actifs.

— Les éléments du Bilan sont regroupés en trois fonctions : une fonction d'investissement et de financement (le « haut » du Bilan), une fonction cyclique (liée à l'exploitation) et une fonction de trésorerie.

— On prend les postes de l'Actif à leur valeur brute, la plus proche de leur valeur de remplacement. En contre-partie, on ajoute aux capitaux propres les amortissements et provisions : ils sont des ressources financières, car ils réduisent l'impôt.

BILAN FONCTIONNEL

Actif stable (brut)	Passif stable Capitaux propres + Amortis. et Provis. Dettes financières
Actif circulant (brut)	Passif circulant Dettes non financières
Actif de trésorerie	Passif de trésorerie

D'autres retraitements peuvent être effectués dans l'un et l'autre cas. Seuls ont été présentés ceux d'entre eux qui illustrent la différence d'approche.

Différentes, les deux approches ne sont pas contradictoires.

FAITES-LE VOUS-MÊME

Établissez le Bilan fonctionnel de la SIVP.

Solution en fin de chapitre

AUTOUR DES DETTES

La répartition des dettes est une des différences entre les deux types de Bilans.

LES DETTES FINANCIERES

Le Bilan « Solvabilité » distingue les dettes selon leur échéance : plus ou moins d'un an. Seules les dettes longues font partie des capitaux permanents.

Le Bilan fonctionnel classe les dettes selon leur origine : les dettes contractées auprès d'un organisme financier sont regroupées, quel que soit leur terme, et assimilées à des ressources stables. Ainsi, les dettes financières à court terme, dont le renouvellement est assuré quasi automatiquement, ont le même statut que des dettes longues.

LES CONCOURS BANCAIRES COURANTS

Les banques concèdent des facilités de trésorerie qui sont une partie des dettes financières. On les appelle les concours bancaires courants : ils forment le passif de trésorerie du bilan fonctionnel.

Il faut noter qu'une même entreprise peut avoir une trésorerie d'Actif (compte 512 débiteur) et une trésorerie de Passif (compte 512 créditeur).

RÉSUMÉ

1. Toute analyse du Bilan nécessite de regrouper les postes selon une logique qui corresponde au but de l'analyse.

2. L'approche patrimoniale privilégie la solvabilité de l'entreprise. L'approche fonctionnelle privilégie les besoins de financement de l'entreprise : plus utile aux décideurs, cette dernière tend à remplacer la première.

SOLUTIONS DE FAITES-LE VOUS-MÊME

Exercice de la page 207

BILAN SOLVABILITÉ DE LA SIVP

Actif réel à plus d'un an (net) 23 924 + 1 600	25 524	Capitaux permanents 21 600−88+740+(2 800−220)	24 832
Actif à moins d'un an (net)	2 528	Dettes à court terme 220 + 3 000	3 220
Total	28 052	Total	28 052

Ratio d'indépendance financière = 22 340/5 800 = 3,85

Ratio de financement des investissements =
24 832/25 524 = 0,97

Ratio de liquidité = 2 528/3 220 = 0,78

Ratio de solvabilité = 28 052/5 800 = 4,83

Exercice de la page 209

BILAN FONCTIONNEL DE LA SIVP

Actif stable	36 120	Passif stable 21 600 + 11 620 + 740 + (2 800 − 40)	36 720
Actif circulant 920 + 2 370	3 290	Dettes circulantes	3 000
Actif de trésorerie	350	Passif de trésorerie	40
Total	39 760	Total	39 760

➔ TESTEZ VOS CONNAISSANCES

Voici le Bilan comptable de la S.A. TRAPE. Établissez le Bilan fonctionnel.

ACTIF	Brut	Am./Pro.	Net
Immobilisations incorporelles	60 289	16 509	43 780
Immobilisations corporelles			
Terrains	683 764	235 556	448 208
Constructions	382 427	269 809	112 618
Installations	10 578 666	7 149 354	3 429 312
Autres	1 488 286	903 592	584 694
Immobilisations en cours	46 045		46 045
Avances et acomptes	14 897		14 897
Total immo. corpo.	**13 194 085**	**8 558 311**	**4 635 774**
Immobilisations financières			
Participations	97 617	63 658	33 959
Créances rattachées	15 922	9 269	6 653
Autres titres immobilisés	10 324	161	10 163
Prêts	50 374	168	50 206
Total immo. financières	**174 237**	**73 256**	**100 981**
ACTIF IMMOBILISÉ	**13 428 611**	**8 648 076**	**4 780 535**
Stocks et en-cours			
Matières premières	847 233	72 094	775 139
En-cours de production	10 325		10 325
Produits intermédiaires	1 290 908	80 804	1 210 104
Total stocks	**2 148 466**	**152 898**	**1 995 568**
Créances d'exploitation			
Créances clients	1 523 629	34 212	1 489 417
Autres	388 269	30 897	357 372
Total créances	**1 911 898**	**65 109**	**1 846 789**
Créances diverses	1 453 400	154 181	1 299 219
Valeurs mobilières de placement	363 487		363 487
Disponibilités	257 287		257 287
ACTIF CIRCULANT	**6 134 538**	**372 188**	**5 762 350**
Comptes de régularisation			
Charges constatées d'avance	90 379		90 379
Charges à répartir	538		538
Primes rebour obligations	609		609
Total comptes de régul.	**91 526**		**91 526**
ACTIF TOTAL	**19 654 675**	**9 020 264**	**10 634 411**

PASSIF *(en milliers de francs)*	
Capitaux propres	
Capital	5 520 360
Primes d'émission, de fusion, d'apport	668 319
Écarts de réévaluation	173 698
Réserves	
Réserve légale	239 663
Réserves réglementées	340 329
Autres réserves	678 984
Report à nouveau	528 189
Situation nette	
Résultat de l'exercice	447 817
Subventions d'investissement	913
Provisions réglementées	231 412
Total capitaux propres	**8 829 684**
Provisions pour risques et charges	
Provisions pour risques	104 651
Provisions pour charges	267 277
Total provisions pour risques et charges	**371 928**
Dettes	
Dettes financières	
Emprunts obligataires	220 084
Emprunts et dettes auprès des Ets de crédit*	355 562
Emprunts et dettes financières divers	54 839
	630 485
Avances et acomptes reçus sur commandes en cours	24 323
Dettes d'exploitation	
Dettes fournisseurs et comptes rattachés	189 115
Dettes fiscales et sociales	295 677
Autres	16 707
	501 499
Dettes diverses	
Dettes sur immobilisations et comptes rattachés	41 808
Autres	203 269
	245 077
Total dettes	**1 401 384**
Comptes de régularisation	31 415
Produits constatés d'avance	
Total passif	**10 634 411**

(*) Dont concours bancaires courants et soldes créditeurs de banques 15 210.

Deux précisions sur les comptes de régularisation à l'Actif :
— Les charges à répartir sur plusieurs exercices sont assimilées à des immobilisations.
— Les primes de remboursement des obligations sont éliminées de l'Actif, et soustraites des dettes financières au Passif.

Solution en fin de livre

CHAPITRE XV

FONDS DE ROULEMENT ET BESOIN EN FONDS DE ROULEMENT

LA NOTION DE FONDS DE ROULEMENT

La S.A. Lamandre (S.A.L.) présente le bilan fonctionnel suivant :

Actif stable 300	Passif stable 400	
Actif circulant 670	↕	↕ *Fonds de roulement*
	Passif circulant 600	
Trésorerie 30		

(L'Actif circulant inclut 170 de stocks et 500 de créances.)

Le fonds de roulement est la partie des ressources stables qui n'est pas absorbée par le financement de l'Actif stable (immobilisations). C'est donc les ressources stables disponibles pour financer des éléments de l'Actif circulant. Une sorte de matelas de sécurité.

Pourquoi s'intéresse-t-on au niveau du fonds de roulement ?

1re RAISON : LE « HAUT » DE L'ACTIF…

Le « haut » de l'Actif est constitué d'acquisitions durables. A priori, celles-ci doivent être financées par des ressources également durables.

Raisonnons a contrario, et supposons qu'une immobilisation de 500 € est financée par un crédit à 6 mois. Que se passe-t-il à l'échéance ? Trois cas sont envisageables.

a) L'entreprise obtient un nouveau délai. Sa dette est reconduite à court terme. Elle gagne du temps, peu de temps, et elle perd en charges financières...

b) L'entreprise est en mesure d'effectuer le règlement : cela signifie qu'elle a trouvé des ressources stables pour accroître ses avoirs bancaires qui lui serviront à payer sa dette.

c) L'entreprise obtient un emprunt à long terme, qu'elle remboursera avec les revenus que l'exploitation de l'immobilisation procurera. Elle transforme sa dette à court terme en dette à long terme, c'est-à-dire en ressource stable.

En résumé, la solution a) est provisoire, les solutions b) et c) consistent à financer l'immobilisation par des ressources stables.

Les Actifs stables doivent donc être financés par des Passifs stables.

2e RAISON : LE « BAS » DE L'ACTIF...

Le « bas » de l'Actif est constitué d'éléments circulants (se renouvelant plusieurs fois au cours de l'exercice comptable). A priori, ceux-ci peuvent être financés par des ressources cycliques, à court terme. Mais une partie des Actifs circulants doit être financée par des ressources stables.

Exemple. Pour des raisons de prudence et de délai d'approvisionnement, l'entreprise ne laisse jamais son stock descendre au-dessous d'un certain niveau.

Ce stock de sécurité représente des ressources bloquées en permanence, non disponibles pour d'autres financements. Il est logique de considérer que cette partie du stock absorbe des ressources stables.

Le fonds de roulement doit donc être positif, pour deux séries de raisons : les actifs stables, d'une part, une partie des actifs circulants, d'autre part, doivent être financés par des ressources stables.

► Remarque. Le fonds de roulement calculé à partir du Bilan fonctionnel est appelé « Fonds de roulement net global » (FRNG). Dans la mesure où on analysera désormais des bilans fonctionnels, il ne sera question que du FRNG.

LE BESOIN EN FONDS DE ROULEMENT

Le fonds de roulement constate un montant disponible : quand les Actifs stables sont « couverts », que reste-t-il pour financer les Actifs circulants ? Le FRNG dépend du haut du Bilan : investissement long, financement long.

Le Besoin en Fonds de Roulement (BFR) évalue une nécessité : à combien le FRNG devrait-il se monter pour satisfaire au besoin de financement stable des actifs circulants ? Autrement dit, quelle est la partie des actifs circulants qui n'est pas « couverte » par des dettes courtes ? Le BFR dépend du bas du Bilan : stocks et créances, ou dettes, liés à l'activité cyclique de l'entreprise.

Dans le cas de la S.A.L., BFR = 670 − 600 = 70.

Pourquoi le BFR diverge-t-il du FRNG ?

1re RAISON : LA TRÉSORERIE LES SÉPARE...

Par définition, le BFR n'inclut pas la trésorerie. La trésorerie est considérée comme une variable d'ajustement entre le FR et le BFR. Si les ressources nécessaires augmentent plus vite que les ressources disponibles, la trésorerie diminue. Et vice versa.

2e RAISON : LES ÉCHÉANCES VARIENT...

Le BFR ne dépend pas seulement du volume des postes du Bilan, mais aussi de leur vitesse de renouvellement.

Supposons que les fournisseurs de la S.A. Lamandre deviennent plus exigeants, et réduisent d'un quart la durée de leur crédit consenti à la société. A volume d'affaires constant, le niveau des dettes inscrites dans les comptes serait donc réduit de 25 %. On n'aurait plus que 450 de dettes, au lieu de 600.

Observez le curieux Bilan qui en découlerait...

Actif stable 300 Actif circulant 670 Trésorerie 30	Passif stable 400 Passif circulant 450

FRNG = 400 − 300 = 100, inchangé.

BFR = 670 − 450 = 220, en forte augmentation, il est maintenant supérieur au FRNG.

Ce Bilan est un document fictif, puisque l'Actif et le Passif ne sont plus égaux. Mais il permet de voir que la baisse de la durée du crédit-fournisseur modifie l'équilibre financier de la société et doit trouver une compensation.

Comment l'équilibre sera-t-il rétabli? Trois solutions.

1re SOLUTION

La banque se substitue aux fournisseurs, en accordant des découverts. Il apparaît une trésorerie de Passif.

Actif stable 300 Actif circulant 670 Trésorerie 30	Passif stable 400 Passif circulant 450 Trésorerie 150

2e SOLUTION

La S.A.L. répercute sur ses clients la rigueur de ses fournisseurs : les créances, qui sont de 500, voient leur durée réduite de 30 %. Leur niveau s'établira donc à 500 − 150 = 350. Et l'Actif circulant sera de 170 + 350 = 520.

Actif stable 300 Actif circulant 520 Trésorerie 30	Passif stable 400 Passif circulant 450

3e SOLUTION

La S.A.L. augmente ses ressources stables de 150, pour compenser la réduction des ressources courtes.

Actif stable 300 Actif circulant 670 Trésorerie 30	Passif stable 550 Passif circulant 450

→ **FAITES-LE VOUS-MÊME**

Reprenez l'exemple de la S.A.L., en comparant deux cas.
1. On suppose que l'Actif circulant met 1,5 mois à être réalisé sous forme monétaire (durée de rotation des stocks, durée du crédit-client) et que les dettes sont à 3 mois.
2. On inverse les hypothèses : le délai de réalisation de l'Actif circulant passe à 3 mois, et les dettes ne sont plus qu'à 1,5 mois.

Evaluez dans chacun des cas la situation de trésorerie au bout de 1,5 mois (on suppose pour simplifier que créances et dettes sont « nées » le même jour).

Solution en fin de chapitre

QU'EST-CE QUI FAIT VARIER LE BFR?

Les éléments du BFR sont :
— A l'Actif : les stocks et les créances.
— Au Passif : les dettes circulantes.

Suivons le cycle d'une marchandise et observons comment elle « traverse » chacun des éléments du BFR.

Période de …	Stockage	Stockage	Crédit-client
	(A) Achat —— (B) Décaissement	—— (C) Vente	—— (D) Encaissement
Financement par …	Crédit-fournisseur	?	?

(A)-(B) La marchandise est en stock, mais pas encore payée au fournisseur. Elle est financée par une dette d'exploitation : 30, 60 ou 90 jours.

(B)-(C) Nous avons réglé le fournisseur, mais la marchandise n'est pas encore vendue. Problème : comment est-elle financée ?

(C)-(D) La marchandise est vendue, certes... mais son règlement n'est pas encore encaissé. Le problème de financement est le même que pour la séquence précédente.

Considérons maintenant l'ensemble du cycle (A)-(D). Notre marchandise doit être financée pendant toute la durée du stockage et du crédit-client. Une partie de cette période est couverte par la durée du crédit-fournisseur. Pour le reste, il faut trouver des ressources stables : c'est précisément la définition du besoin en fonds de roulement.

On peut donc définir ainsi le BFR :
BFR = Stocks + Créances − Dettes (non financières)

Deux facteurs font varier chacun de ces éléments et le BFR lui-même :

1. Le niveau d'activité de l'entreprise.
Le volume des achats détermine celui des dettes, le volume des ventes détermine celui des créances.

2. L'organisation de l'activité de l'entreprise.
La durée moyenne du stockage (vitesse de rotation des stocks), la durée moyenne du crédit-client, la durée moyenne du crédit-fournisseur déterminent aussi le niveau de chacun de ces éléments du BFR.

Pour mesurer l'impact combiné de ces deux facteurs (facteur-volume et facteur-temps), on a donc eu l'idée de mesurer chaque élément du BFR en nombre de jours de chiffre d'affaires.

→ **FAITES-LE VOUS-MÊME**

Le chiffre d'affaires annuel de la S.A.L. s'est monté à 3 600. Exprimez les éléments du BFR et le BFR en nombre de jours de chiffre d'affaires (on ramène l'exercice comptable à 360 jours).

Solution en fin de chapitre

RETOUR À LA CASE-DÉPART : L'EXEMPLE DES HYPERMARCHÉS

Ce chapitre a commencé par l'affirmation que les Actifs stables doivent être financés par les Passifs stables, et qu'en conséquence, le fonds de roulement doit être positif.

Est-ce toujours vrai ?

Voici l'exemple simplifié d'un hypermarché qui contredit notre hypothèse de départ.

BILAN

Actif stable 800 Actif circulant 60 Trésorerie 500	Passif stable 750 Passif circulant 610

Le fonds de roulement est négatif : FRNG = 750 − 800 = − 50.

Mais dans ce cas, cette situation n'est pas dangereuse, car le besoin en fonds de roulement est également négatif : BFR = 60 − 610 = − 550.

Comment expliquer cette situation particulière ?

— La quasi-totalité des ventes aux clients sont payées au comptant, à la caisse. Donc pas de créances-clients.

— La régularité des ventes entraîne une rotation très rapide des stocks. Les approvisionnements sont quotidiens. Et le niveau des stocks est réduit au minimum.

— En revanche, les hypermarchés sont en mesure d'obtenir de leurs fournisseurs des délais de paiement avantageux, à 60 ou 90 jours.

La plupart des produits sont donc vendus et encaissés avant qu'ils aient été payés aux fournisseurs.

Il existe dans notre hypermarché un excédent de trésorerie important et permanent, dont le placement rapporte des produits financiers importants. Ceux-ci contribuent à étendre l'implantation de nouvelles surfaces. Ainsi se développe une spirale de croissance.

On doit donc nuancer notre propos initial selon lequel le FRNG doit être positif en général.
– Le FRNG peut être négatif sans nuire à l'équilibre financier dans certains cas (notre hypermarché).
– Il ne suffit pas que le FRNG soit positif, s'il est inférieur au BFR...

Plutôt que la nécessité d'un FRNG positif, c'est l'objectif suivant qu'il faut rechercher :

$$\text{FRNG} \geqslant \text{BFR}$$

Le Fonds de roulement ne doit pas être analysé isolément, mais en comparaison avec le Besoin en fonds de roulement.

LA TRÉSORERIE : VARIABLE D'AJUSTEMENT

FRNG > 0

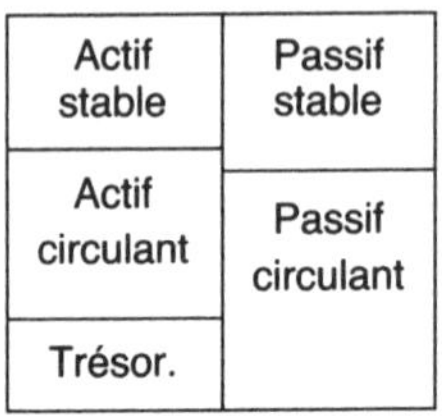

FRNG = PS – AS
= (AC + T) – PC
= (AC – PC) + T
= BFR + T

FRNG < 0

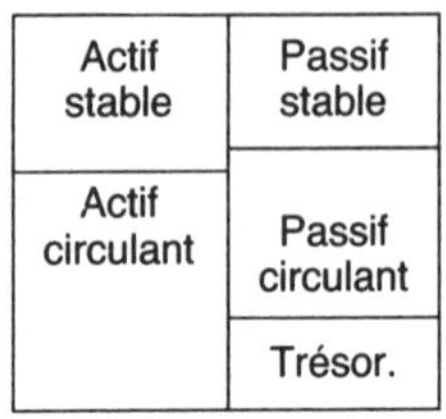

FRNG = PS – AS
= AC – (PC + T)
= (AC – PC) – T
= BFR – T

Donc le FRNG est égal au BFR augmenté de la trésorerie positive ou diminué de la trésorerie négative.

Or, une entreprise peut très bien cumuler une trésorerie débitrice à l'Actif et des concours bancaires au Passif. On peut définir sa trésorerie nette (TN) ainsi :

TN = Trésorerie d'Actif – Trésorerie de Passif

Il s'ensuit :

FRNG = BFR + TN

Trésorerie nette =
Fonds de roulement – Besoin en fonds de roulement
TN = FRNG – BFR

RÉSUMÉ

1. L'entreprise a besoin de ressources stables pour financer son Actif circulant, parce qu'il y a des décalages entre décaissements et encaissements.

2. Le BFR varie tant en fonction du volume d'affaires traitées, qu'en raison des conditions d'exploitation et de règlement adoptées par l'entreprise.

3. Si le fonds de roulement existant est supérieur au besoin, la trésorerie est positive; dans le cas inverse, elle est négative.

→ SOLUTIONS DE FAITES-LE VOUS-MÊME

Exercice de la page 223

1er CAS

Réalisations = 670.

Dettes à échéance = (1,5 / 3) × 600 = 300.

D'un côté, des avoirs de 670 auront été transformés en liquidités. De l'autre, des dettes de 300 seront venues à échéance.

Dans ce cas, notre Actif circulant permet de faire face à nos engagements.

2e CAS

Réalisations : = (1,5 / 3) × 670 = 335.

Dettes à échéance = 600.

D'un côté, nous aurons transformé 335 d'actifs réalisables en disponibilités. De l'autre, 600 de dettes seront devenues exigibles.

Dans ce cas, notre Actif circulant ne peut couvrir les dettes courtes. Il a besoin d'être financé par des ressources stables.

Exercice de la page 225

Un CA annuel de 3 600 correspond à un CA de 10 par jour.
Donc :
Stocks = 170 = 17 jours de CA
Créances = 500 = 50 jours de CA
Dettes = 600 = 60 jours de CA
On en déduit le BFR :
BFR = 17 + 50 − 60 = 7 jours de CA

Nos ressources stables doivent couvrir l'équivalent de 7 jours de chiffre d'affaires.

→ TESTEZ VOS CONNAISSANCES

Voici les Bilans successifs de la S.A. CREMENT.

	N	N+1	N+2
Actif stable	109 000	111 000	135 320
Stock	18 000	18 944	20 925
Clients	50 000	52 778	58 055
Trésorerie	3 000	1 500	380
	180 000	184 222	214 680
Passif stable	130 000	134 000	157 820
Dettes circulantes	49 950	49 500	54 675
Trésorerie	50	722	2 185
	180 000	184 222	214 680

1) Établissez un tableau :

	N	N+1	N+2	Variation N+1/N	Variation N+2/N+1
FR					
BFR					
TN (T. Actif – T. Passif)					

2) Analysez les évolutions d'une année sur l'autre, en soulignant les différentes causes de variation du BFR. Pour cela, vous pourrez vous aider de l'évaluation du BFR en fonction du chiffre d'affaires de la société. Celui-ci s'est monté à 324 900 en N, 320 000 en N+1, 349 990 en N+2.

Solution en fin de livre

CHAPITRE XVI

LE TABLEAU DE FINANCEMENT

LA VARIATION DES EMPLOIS ET DES RESSOURCES

Actif	BILAN		Passif
Emploi	Ressource	Emploi	Ressource
+	−	−	+

• On enregistre un emploi (débit) soit quand un compte d'Actif augmente (ex. Banque), soit quand un compte de Passif diminuc (ex. Emprunt).

• On enregistre une ressource (crédit) soit quand un compte d'Actif diminue (ex. Caisse), soit quand un compte de Passif augmente (ex. Capital).

On peut donc regrouper les opérations selon qu'elles affectent les emplois ou les ressources, dans un tableau de ce type :

EMPLOIS	RESSOURCES
Augmentation d'Actif	Augmentation de Passif
Diminution de Passif	Diminution d'Actif

Au cours d'un exercice, la variation des emplois est égale à la variation des ressources. L'une et l'autre peuvent être établies par comparaison de Bilans.

Bilan (N−1)
Bilan N

} → Tableau des emplois/ressources de N

Pour l'analyse financière, les variations globales d'emplois ou de ressources ne suffisent pas. Elle est intéressée à connaître les variations des éléments stables, des éléments circulants et des éléments de trésorerie.

On va donc introduire une distinction transversale dans le tableau des emplois/ressources, sans oublier les variations de trésorerie :

EMPLOIS	RESSOURCES
Augmentation d'Actif stable Diminution de Passif stable	Augmentation de Passif stable Diminution d'Actif stable
Augmentation d'Actif circulant Diminution de Passif circulant	Augmentation de Passif circulant Diminution d'Actif circulant
Augmentation d'Actif de trésorerie Diminution de Passif de trésorerie	Augmentation de Passif de trés. Diminution d'Actif de trésorerie

Ce tableau nous ramène à trois notions connues :

— La partie du haut évalue les variations des éléments qui composent le Besoin en fonds de roulement (BFR).

— La partie du milieu mesure les variations des éléments circulants qui composent le Besoin en fonds de roulement (BFR).

— La partie du bas donne les variations de trésorerie.

Ce tableau (variations des ressources financières et des emplois) est un tableau de financement.

→ FAITES-LE VOUS-MÊME

ACTIF — BILAN FONCTIONNEL DE LA SARL RICHET — PASSIF

	N–1	N		N–1	N
Immobilisations incorpor.	17 000	17 000	Capitaux propres	95 000	98 000
Immobilisations corpor.	150 000	159 000	Amortissements/Prov.	42 000	47 630
Immobilisations financ.	8 400	9 200	Provisions risques	1 600	1 600
Stocks de marchandises	19 500	17 300	Dettes financières (*)	87 700	93 920
Clients et comptes ratt.	56 500	67 500	Dettes fournisseurs	32 300	33 400
Disponibilités	10 600	7 000	Autres dettes	3 400	2 450
	262 000	277 000		262 000	277 000

(*) dont concours bancaires courants de 1 500 en N–1 et de 900 en N.

• *Calculez les variations du FRNG, du BFR et de la trésorerie directement (chapitre précédent) :*

	N−1	N	Variation
FRNG	....	....	....
BFR	....	....	....
TN	....	....	....

• *A partir des informations suivantes, retrouvez les sommes inscrites dans les deux bilans.*
— Immobilisations corporelles : cession pour 14 000 d'une immobilisation corporelle acquise 22 000 et amortie de 1 000. Acquisition pour 31 000 d'une autre installation.
— Amortissements et provisions : DAP de 8 760, RAP de 2 130. Ne pas oublier l'incidence de la cession.
— Dettes financières : la société a remboursé 11 400, et contracté un nouvel emprunt de 18 220.

Solution en fin de chapitre

LE TABLEAU DE FINANCEMENT DU PCG

Le Plan comptable général préconise une présentation du tableau de financement, en deux tableaux (établis à partir du Bilan fonctionnel) :
1) Le tableau de variation du fonds de roulement.
2) Le tableau de l'utilisation de la variation du fonds de roulement, c'est-à-dire de la variation du BFR et de la trésorerie.

▶ Remarques
– La distribution du bénéfice est un emploi : en N, c'est le bénéfice de N−1 qui est mis en distribution.
– Le bilan fonctionnel est établi en valeurs brutes. Les augmentations d'actif sont inscrites à leur valeur brute. Les diminutions d'actif sont enregistrées au prix de cession : c'est pourquoi on a pris soin d'exclure ce prix du calcul de la capacité d'autofinancement.

→ **FAITES-LE VOUS-MÊME**

• *Poursuivons l'exemple de la SARL Richet. Sachant que le résultat de N est de 900 et qu'une augmentation de capital a eu lieu en N, à combien s'est-elle montée ?*

• *Calculez la Capacité d'autofinancement de N.*

• *Remplissez le tableau de financement en vous inspirant du modèle du PCG ci-après. La variation du poste immobilisations financières ne correspond qu'à des acquisitions. Aucune part du résultat de N−1 n'a été mise en distribution.*

TABLEAU DE FINANCEMENT

EMPLOIS	Exercice N	Exercice N−1
Distributions mises en paiement au cours de l'exercice		
Acquisitions d'éléments de l'actif immobilisé :		
Immobilisations incorporelles		
Immobilisations corporelles		
Immobilisations financières		
Charges à répartir sur plusieurs exercices *(a)*		
Réduction des capitaux propres (réduction de capital, retraits)		
Remboursements de dettes financières *(b)* ...		
Total des emplois	X	X
Variation du fonds de roulement net global (ressource nette)		

(a) Montant brut transféré au cours de l'exercice.
(b) Sauf concours bancaires courants et soldes créditeurs de banques.
(c) Hors primes de remboursement des obligations.

EN COMPTE (I)

RESSOURCES	**Exercice N**	**Exercice N−1**
Capacité d'autofinancement de l'exercice		
Cessions ou réductions d'éléments de l'actif immobilisé :		
Cessions d'immobilisations :		
— incorporelles		
— corporelles		
Cessions ou réductions d'immobilisations financières		
Augmentation des capitaux propres :		
Augmentation de capital ou apports		
Augmentation des autres capitaux propres		
Augmentation des dettes financières *(b) (c)* ..		
Total des ressources	X	X
Variation du fonds de roulement net global (emploi net)		

TABLEAU DE FINANCEMENT

Variation du fonds de roulement net global	
Variations « Exploitation » :	
Variations des actifs d'exploitation :	
Stocks et en-cours	....
Avances et acomptes versés sur commandes	....
Créances Clients, Comptes rattachés et autres créances d'exploitation *(a)*	....
Variations des dettes d'exploitation :	
Avances et acomptes reçus sur commandes en cours	....
Dettes Fournisseurs, Comptes rattachés et autres dettes d'exploitation *(b)*	....
Totaux	....
A. Variation nette « Exploitation » *(c)*	....
Variations « Hors exploitation » :	
Variations des autres débiteurs *(a) (d)*	....
Variations des autres créditeurs *(b)*	....
Totaux	....
B. Variation nette « Hors exploitation » *(c)*	....
TOTAL A + B :	
Besoins de l'exercice en fonds de roulement	....
ou	
Dégagement net de fonds de roulement dans l'exercice	....
Variations « Trésorerie »	....
Variations des disponibilités	....
Variations des concours bancaires courants et soldes créditeurs de banques	....
Totaux	....
C. Variation nette « Trésorerie » *(c)*	....
Variation du fonds de roulement net global (Total A + B + C) :	
Emploi net	....
ou	
Ressource nette	....

(a) Y compris charges constatées d'avance selon leur affectation à l'exploitation ou non.

(b) Y compris produits constatés d'avance selon leur affectation à l'exploitation ou non.

EN COMPTE (II)

Exercice N			Exerc. N−1
Besoins 1	**Dégagement 2**	**Solde 2 - 1**	**Solde**
X	X		
		± X	± X
X	X		
		± X	± X
		− X	− X
		+ X	+ X
X	X		
		± X	± X
....		−	−
....		+	+

(*c*) Les montants sont assortis du signe (+) lorsque les dégagements l'emportent sur les besoins et du signe (−) dans le cas contraire.
(*d*) Y compris valeurs mobilières de placement.

RÉSUMÉ

1. Le tableau de financement met en regard les variations de ressources et les variations d'emplois, pour chaque fonction : investissement, exploitation, trésorerie.

2. Il constitue un développement détaillé de la relation : variation du FRNG = variation du BFR + variation de la trésorerie.

3. Il est utilisé en gestion prévisionnelle pour déterminer les ressources financières nécessaires à la réalisation des objectifs (chiffre d'affaires, investissements, etc.) que se fixe la firme.

SOLUTIONS DE FAITES-LE VOUS-MÊME

Exercice de la page 233

	N−1	N	Variation
FRNG	49 400	55 050	+ 5 650
BFR	40 300	48 950	+ 8 650
TN	9 100	6 100	− 3 000

On vérifie pour chaque année que FRNG = BFR + TN.

Immobilisations corporelles :
150 000 (N−1) − 22 000 (cession) + 31 000 (acquisition) = 159 000 (N)

Amortissements et provisions :
42 000 (N−1) + 8 760 (DAP) − 2 130 (RAP) − 1 000 (cession) = 47 630

Dettes financières :
(87 700 − 1 500) (N−1) − 11 400 + 18 220 = (93 920 − 900) (N)

Exercice de la page 237

Capitaux propres :
98 000 − 95 000 = 3 000 = 900 (résultat) + 2 100 (augmentation de capital)

CAF = 900 (résultat) − 2 130 (RAP) + 8 760 (DAP) − 14 000 (produit de cession) + (22 000 − 1 000) (valeur comptable de la cession) = 14 530

TABLEAU 1

Emplois stables		**Ressources stables**	
Acquisition d'immob. corp.	31 000	Capacité d'autofinancement	14 530
Acquisition d'immob. financ.	800	Cessions d'immobilisations	14 000
Rembours. de dettes financ.	11 400	Augmentation de capital	2 100
		Augmentation dettes financ.	18 220
	43 200		48 850
Augmentation du FRNG	5 650		

TABLEAU 2

	Besoin A+ ou P−	**Dégagement A− ou P+**	**Solde**
Stocks		2 200	
Clients	11 000		
Dettes fournisseurs		1 100	
Autres dettes	950		
Totaux	11 950	3 300	
Variation BFR			− 8 650
Trésorerie Actif		3 600	
Trésorerie Passif	600		
Variation trésorerie			+ 3 000
Augmentation du FRNG			5 650

→ TESTEZ VOS CONNAISSANCES

BILAN DE LA S.A. SIETE

ACTIF	BRUT	Am/Pro	NET N	NET N−1	PASSIF	N	N−1
Immobilis.	14 400	2 400	12 000	11 000	Capit. prop.	4 200	4 100
Stocks	2 400		2 400	2 800	Résultat	300	150
Créances	4 100		4 100	3 700	Dettes fin. (*)	5 050	4 950
Disponibil.			50	200	Dettes d'expl.	9 000	8 500
Total			18 550	17 700		18 550	17 700

(*) dont concours bancaires courants de 320 en N et 0 en N-1

1. Les amortissements ont doublé d'une année à l'autre. Quelle est la dotation de N?

2. Retrouvez la valeur brute des immobilisations au 31-12-N−1.

3. Sachant qu'on a vendu 900 un terrain (non amortissable) qui figurait dans les immobilisations pour 1 000, retrouvez le montant des immobilisations acquises en N.

4. Une partie du bénéfice N−1 a été intégrée en réserves dans les capitaux propres (il n'y a pas eu d'autre opération d'augmentation du capital). L'autre a été distribuée aux actionnaires. Retrouvez les deux montants.

5. Calculez la capacité d'autofinancement de N, en tenant compte de la question 3 et sachant qu'il n'y a pas eu de reprise d'amortissement et provision.

6. Etablissez le tableau de financement.

Solution en fin de livre

→ IIe TEST RÉCAPITULATIF

On vous communique les documents de synthèse de BAGNOLETTE S.A. (fabrication d'accessoires automobiles), pour les exercices 20-N et 20-N+1.

- I -

Calculez les soldes intermédiaires de gestion (méthode Banque de France) pour ces deux années. Observez et commentez.

- II -

Vous remarquez pour 20-N deux postes particulièrement élevés : « Reprises sur charges calculées et transfert de charges » « Charges exceptionnelles sur opérations de gestion ».

Dans l'annexe de l'exercice 20-N+1, vous lisez la note suivante :

« Le résultat d'exploitation de l'exercice 20-N a été corrigé du montant de la sous-activité (165 271) par transfert de charges ; avant correction le résultat d'exploitation de 20-N était de 85 292, à rapprocher de celui de 20-N+1 soit 98 123. »

Retrouvez l'opération comptable qui a été effectuée. Imaginez pour quelle raison la direction a fait ce choix.

- III -

Calculez la capacité d'autofinancement, de deux façons.

- IV -

Pour les deux années 20-N et 20-N+1 :

- *Etablissez les Bilans fonctionnels (condensés).*

▶ *Rappels. Les écarts de conversion sont retraités (emprunt – écart actif + écart passif), les primes de remboursement des obligations sont éliminées de l'Actif et*

soustraites des dettes financières, les charges à répartir sur plusieurs exercices vont en actif stable.
- *Calculez le FRNG et le BFR. Vérifiez leur concordance.*
- *Calculez les variations de FRNG et de BFR.*
- *Commentez la situation financière de Bagnolette S.A.*

Annexes :
– L'effectif moyen de l'entreprise était de 8 319 en 20-N, et de 8 204 en 20-N+1.
– La société a vendu ses titres de participation dans sa filiale italienne pour 115 129 en 20-N+1.

Comptes de résultats comparés au 31 décembre

(en milliers d'euros)

	20-N+1	20-N
PRODUITS D'EXPLOITATION		
Ventes de marchandises	140 101	139 438
Production vendue	3 285 482	2 614 490
Chiffre d'affaires net	**3 425 583**	**2 753 928**
Production stockée	(3 055)	(103 422)
Production immobilisée	44 609	41 724
Reprises sur amortissements, provisions et transferts de charges	5	282 636
Autres produits	6 296	3 598
Total des produits d'exploitation	**3 473 438**	**2 978 464**
CHARGES D'EXPLOITATION		
Achats de marchandises	110 380	91 258
Variation du stock de marchandises	(801)	9 947
Achats de matières premières et autres approvisionnements	1 227 927	881 822
Variation du stock de matières premières et autres approvisionnements	(24 129)	(1 240)
Autres achats et charges externes	662 190	439 836
Impôts, taxes et versements assimilés	100 367	88 883
Salaires et traitements	784 019	758 259
Charges sociales	323 588	290 831
Dotations aux amortissements des immobilisations	165 211	157 884
Dotations aux provisions sur actif circulant	12 041	7 831
Dotations aux provisions pour risques et charges	12 000	
Autres charges	2 522	2 590

Total des charges d'exploitation	**3 375 315**	**2 727 901**
Résultat d'exploitation	**98 123**	**250 563**
PRODUITS FINANCIERS		
De participation et de valeurs mobilières et créances de l'actif	11 857	2 672
Autres intérêts et produits assimilés	13 488	14 764
Reprises sur provisions et transfert de charges	6 407	2 877
Différences positives de changes	4 741	1 970
Total des produits financiers	**36 493**	**22 283**
CHARGES FINANCIÈRES		
Dotations aux amortissements et provisions	13 178	16 262
Intérêts et charges assimilées	52 186	70 236
Différences négatives de changes	1 543	2 506
Total des charges financières	**66 907**	**89 004**
Résultat financier	**(30 414)**	**(66 721)**
Résultat courant avant impôts	**67 709**	**183 842**
PRODUITS EXCEPTIONNELS		
Sur opérations de gestion	1 156	2 775
Sur opérations en capital	130 796	5 136
Reprises sur provisions et transfert de charges	96 876	41 963
Total des produits exceptionnels	**228 828**	**49 874**
CHARGES EXCEPTIONNELLES		
Sur opérations de gestion	73 261	250 429
Sur opérations en capital	19 669	2 114
Dotations aux amortissements et provisions	2 618	19 767
Total des charges exceptionnelles	**95 548**	**272 310**
Résultat exceptionnel	**133 280**	**(222 436)**
Impôts sur les sociétés	(11 643)	(17)
Résultat	**189 346**	**(38 611)**

Bilan au 31 décembre 20-N+1

(en milliers d'euros)

ACTIF	Montant brut 20-N+1	Amortissement provisions pour dépréciation	Montant net 20-N+1
IMMOBILISATIONS INCORP.	**10 052**	**5 969**	**4 083**
IMMOBILISATIONS CORPORELLES			
Terrains	41 795	1 883	39 912
Constructions	412 322	284 536	127 786
Installations techniques	1 781 792	1 577 779	204 013
Matériels et outillages industriels			
Autres immobilisations corporelles	60 307	48 740	11 567
Immobilisations en cours	78 403		78 403
Avances et acomptes	10 961		10 961
Total	**2 385 580**	**1 912 938**	**472 642**
IMMOBILISATIONS FINANCIERES			
Participations	136 134	26 714	109 420
Autres titres immobilisés	804		804
Prêts	685		685
Autres	10 559		10 559
Total	**148 182**	**26 714**	**121 468**
Total actif immobilisé	**2 543 814**	**1 945 621**	**598 193**
Stocks	521 698	55 588	466 110
Clients et comptes rattachés	1 130 730	11 489	1 119 241
Autres créances	117 682	374	117 308
Disponibilités	129 581		129 581
Total actif circulant	**1 899 691**	**67 451**	**1 832 240**
Compte de régularisation	19 767		19 767
Charges à répartir sur plusieurs exercices	0		0
Primes de remboursement des obligations	3		3
Ecarts de conversion Actif	2 354		2 354
Total comptes de régularisation	**22 124**	**0**	**22 124**
TOTAL DE L'ACTIF	**4 465 629**	**2 013 072**	**2 452 557**

PASSIF	*(en milliers d'euros)* **Avant affectation 20-N+1**
CAPITAUX PROPRES	
Capital social	147 142
Primes d'émission	342 346
Ecarts de réévaluation	24 845
Réserve légale	11 771
Réserves réglementées	619
Autres réserves	170 000
Report à nouveau	(187 599)
Résultat de l'exercice	**189 346**
Subventions d'investissements	479
PROVISIONS RÉGLEMENTÉES	
Provision pour investissement	0
Provision pour hausse des prix	8 566
Amortissements dérogatoires	5 939
Provision spéciale de réévaluation	4 752
Total capitaux propres	**718 206**
PROVISIONS POUR RISQUES	**23 166**
Emprunts et dettes auprès des organismes de crédit	429 805
Emprunts et dettes financières divers (*)	316 250
Dettes fournisseurs et comptes rattachés	572 547
Dettes fiscales et sociales	216 465
Dettes sur immobilisations et comptes rattachés	57 105
Autres dettes	103 690
Total des dettes	**1 695 862**
Produits constatés d'avance	12 935
Ecarts de conversion Passif	2 388
Total comptes de régularisation	**15 323**
TOTAL DU PASSIF	**2 452 557**

(*) Dont concours bancaires courants : 85 317

Bilan au 31 décembre 20-N

(en milliers d'euros)

ACTIF	Montant brut 20-N	Amortissement provisions pour dépréciation	Montant net 20-N
IMMOBILISATIONS INCORP.	**8 794**	**4 202**	**4 592**
IMMOBILISATIONS CORPORELLES			
Terrains	42 606	1 313	41 293
Constructions	412 363	276 132	136 231
Installations techniques, matériels et outillages industriels	1 865 318	1 653 839	211 479
Autres immobilisations corporelles	63 120	52 090	11 030
Immobilisations en cours	28 844		28 844
Avances et acomptes	2 295		2 295
Total	**2 414 546**	**1 983 374**	**431 172**
IMMOBILISATIONS FINANCIERES			
Participations	111 495	16 251	95 244
Créances rattachées à des participations	53 685	53 685	0
Autres titres immobilisés	804		804
Prêts	756		756
Autres	10 050		10 050
Total	**176 790**	**69 936**	**106 854**
Stocks	499 754	43 547	456 207
Clients et comptes rattachés	863 859	9 751	854 108
Autres créances	101 104	3 461	97 643
Disponibilités	30 633		30 633
Compte de régularisation	12 386		12 386
Charges à répartir sur plusieurs exercices	213		213
Primes de remboursement des obligations	39		39
Ecarts de conversion Actif	12 053		12 053
Total Actif circulant	**1 520 041**	**56 759**	**1 463 282**
TOTAL DE L'ACTIF	**4 120 171**	**2 114 271**	**2 005 900**

PASSIF	*(en milliers d'euros)* **Avant répartition 20-N**
CAPITAUX PROPRES	
Capital	147 142
Primes d'émission	342 346
Ecarts de réévaluation	24 894
Réserve légale	11 771
Réserves réglementées	620
Autres réserves	170 000
Report à nouveau	(148 988)
Résultat de l'exercice	(38 611)
Situation nette	**509 174**
Subventions d'investissements	708
PROVISIONS RÉGLEMENTÉES	
Provision pour investissement	59
Provision pour hausse des prix	12 675
Provisions implantation étranger	0
Amortissements dérogatoires	14 159
Provision spéciale de réévaluation	6 407
Capitaux propres	**543 182**
PROVISIONS POUR RISQUES PROVISIONS POUR CHARGES	40 082
Emprunts et dettes auprès des organismes de crédit	415 568
Emprunts et dettes financières divers (*)	348 939
Dettes fournisseurs et comptes rattachés	368 839
Dettes fiscales et sociales	197 891
Dettes sur immobilisations et comptes rattachés	15 772
Autres dettes	62 652
Produits constatés d'avance	5 165
Ecarts de conversion Passif	7 810
TOTAL DU PASSIF	**2 005 900**

Solution en fin de livre

(*) Dont concours bancaires courants : 44 539

SOLUTIONS DE TESTEZ VOS CONNAISSANCES

CHAPITRE Ier. LE BILAN

Exercice de la page 19

	Clients	Banque	Caisse	Matériel	Dettes fourn.	Capital	Emprunt	Etat
Montant initial	8 300	7 200	500	48 000	20 000	130 000	30 000	8 000
Reçu des clients	- 5 000	+ 5 000						
Règlement à Etat		- 8 000						- 8 000
Capital apporté		+ 10 000				+ 10 000		
Matériel acquis				+ 10 000	+ 10 000			
Emprunt		- 6 000					- 6 000	
Caisse		- 200	+ 200					
Montant final	3 300	8 000	700	58 000	30 000	140 000	24 000	0

CHAPITRE II. LA PARTIE DOUBLE

Exercice de la page 31

Actif	BILAN au 1er septembre		Passif
Véhicule	10 000	Capital	40 000
			(30 000 + 10 000)
Banque	45 000	Emprunt	15 000
	(30 000 + 15 000)		
	55 000		55 000

D	BAIL	C
20 000		

D	BANQUE	C
45 000	20 000
	10 000
	1 000
	12 000
	5 000
3 000	
48 000	48 000

D	STOCK	C
10 000		

D	CAISSE	C
1 000		

D	INSTALLATIONS	C
12 000		

D	ORDINATEUR	C
3 000		

D	FOURNISSEUR	C
	3 000	

D	DÉPÔTS	C
5 000		

Actif	BILAN fin septembre		Passif
Bail	20 000	Capital	40 000
Installations	12 000	Emprunt	15 000
Véhicule	10 000	Fournisseur	3 000
Ordinateur	3 000	Banque	3 000
Dépôts	5 000		
Stock	10 000		
Caisse	1 000		
	61 000		61 000

► **Remarque.** Attention, le compte « Banque » est normalement un compte d'Actif, débiteur. Fin septembre, il figure au Passif car il est créditeur : la banque a toléré un découvert bancaire, qui est assimilable à une dette de l'entreprise.

CHAPITRE III. LE RÉSULTAT

Exercice de la page 44

— L'achat d'un local augmente le résultat	FAUX
— Les intérêts de l'emprunt diminuent le passif	VRAI
— Le règlement de notre dette à un fournisseur augmente le résultat	FAUX
— L'acquisition d'une machine à écrire diminue le résultat	FAUX
— Le versement par nous d'un loyer augmente l'Actif	FAUX
— L'achat d'un standard téléphonique est une consommation	FAUX
— Le paiement de la facture du téléphone est une consommation	VRAI
— Les intérêts reçus augmentent le résultat	VRAI
— Le règlement de sa créance par un client augmente l'Actif	FAUX
— Les ventes augmentent le Capital	FAUX
— L'achat d'un timbre fiscal est une consommation	VRAI
— L'achat d'actions boursières est une consommation	FAUX

ANALYSE DES RÉPONSES

Opération	Compte à débiter (A) ou (P)	Compte à créditer (A) ou (P)	Incidence sur le « Résultat » OUI (en + ou en −)/ NON
– Achat local	Construction (A)	Banque (A) ou Fournisseur (P)	NON
– Intérêts versés	Résultat (P)	Banque (A)	OUI (−)
– Dette payée	Fournisseur (P)	Banque (A)	NON
– Machine	Matériel bureau (A)	Banque (A) ou Fournisseur (P)	NON
– Loyer	Résultat (P)	Banque (A)	OUI (−)
– Standard	Installations (A)	Banque (A) ou Fournisseur (P)	NON
– Facture PTT	Résultat (P)	Banque (A)	OUI (−)
– Intérêts reçus	Banque (A)	Résultat (P)	OUI (+)
– Créance payée	Banque (A)	Clients (A)	NON
– Ventes	Banque (A) ou Clients (A)	Résultat (P)	OUI (+)
– Timbre fiscal	Résultat (P)	Banque (A) ou Caisse (A)	OUI (−)
– Actions	Actions (A)	Banque (A)	NON

CHAPITRE IV. COMPTES DE BILAN ET COMPTES DE GESTION

Exercice de la page 54

Le Résultat négatif témoigne que les charges ont été supérieures aux produits.

Achat de marchand.

D	C
5 400 a	

Fournisseurs

D	C
	5 000
	5 400 a
6 320 f	
	4 000 j
SC 8 080	
14 400	14 400

Clients

D	C
2 000	2 000 b

Banque

D	C
3 500	
2 000 b	
	4 000 c
	280 c
4 230 d	
7 080 e	
	6 320 f
	290 h
2 390 i	
	2 400 j
	5 910 SD
19 200	19 200

Emprunt

D	C
4 000 c	20 000
16 000 SC	

Intérêts

D	C
280 c	

Ventes de marchand.

D	C
	16 890 d
	14 570 i
31 460 SC	

Caisse

D	C
1 500	
12 660 d	
	7 080 e
	560 g
12 180 i	
	18 700 SD
26 340	26 340

Achat fournitures

D	C
560 g	

D	Entretien	C
290 h		

D	Installations	C
9 000		
6 400 j		15 400 SD

Charges	RÉSULTAT DE MARS		Produits
Achats marchandises	5 400	Ventes marchandises	31 460
Achats fournitures	560		
Entretien	290		
Intérêts	280		
Bénéfice	24 930		
	31 460		31 460

Si on vire les comptes de charges et de produits dans le compte « Résultat » du Passif (donc le solde initial est débiteur de 12 000), on obtient le nouveau résultat fin mars de 18 930 (équivalent à – 6 000 + 24 930) :

D	Résultat	C
6 000		
5 400		31 460
560		
290		
280		
18 930		
31 460		31 460

Actif	BILAN FIN MARS		Passif
Fonds de commerce	15 000	Capital	35 000
Installations	15 400	Résultat	+ 18 930
Matériel de transport	20 000		
Matériel de bureau	3 000		
Clients	0	Emprunt	16 000
Compte à terme	1 000	Fournisseurs	8 080
Banque	5 910	Sécurité sociale	1 000
Caisse	18 700		
	79 010		79 010

On vérifie l'égalité Actif = Passif

CHAPITRE V. LE SYSTÈME COMPTABLE

Exercice de la page 72

Ce test vise à vous familiariser avec le PCG.
– Vous doutez d'un compte ou de son intitulé : le PCG est d'un précieux secours.
– Mais le PCG n'est pas un lexique ! Il ne vous dira pas dans quelle classe chercher un compte. C'est à vous de connaître les classes de comptes, et de savoir choisir la bonne classe. Méfiez-vous des intitulés : quelques exemples suivants montrent que l'intitulé d'un compte de charge, et l'intitulé d'un compte de tiers (dettes) correspondant peuvent se ressembler.

	CLASSE	N° compte
Fournisseurs d'immobilisations	4 Tiers	404
Emprunt	1 Capitaux	161
Subventions d'exploitation	7 Produits	74
Dépôts et cautionnements versés	2 Immobilis.	275
Cotisations à l'URSSAF	6 Charges	6451
Autres organismes sociaux	4 Tiers	437
Stocks de marchandises	3 Stocks	37
Titres de participation	2 Immobilis.	261
Cadeaux à la clientèle	6 Charges	6234
Subventions d'investissement	1 Capitaux	13
Transports collectifs du personnel	6 Charges	6247
Valeurs mobilières de placement	5 Financiers	50
Réceptions	6 Charges	6257
Impôt sur les bénéfices	6 Charges	695
Etat, impôt sur les bénéfices	4 Tiers	444

CHAPITRE VI. L'INVENTAIRE

Exercice de la page 86

645 448	Charges sociales et de prévoyance Etat, charges à payer	4 580	 4 580
416 411	Clients douteux ou litigieux Clients	20 000	 20 000
68 491	Dotation aux amortiss. et provisions Provision p. dépréciation des comptes de clients	10 000	 10 000
486 613	Charges constatées d'avance Locations	6 000	 6 000
418 701	Clients, produits non encore facturés Ventes de produits finis	3 400	 3 400
68 5903	Dotation... Provision p. dépréciation des actions	2 800	 2 800
68 28182	Dotation... Amortissement du mat. de transport	7 200	 7 200
68 15	Dotation... Prov. pour risques	100 000	 100 000

Loyer : 18 000 × (4,5/6) = 13 500
Actions Grossium 100 × (324 – 296) = 2 800
Actions Dubois et terrain : plus-value latente, on n'en tient pas compte.
Camionnette, amortie en système dégressif :

	Dotation de l'année	Valeur nette
1re année :	60 000 × 0,4 = 24 000	60 000 – 24 000 = 36 000
2e année :	36 000 × 0,4 = 14 400	36 000 – 14 400 = 21 600
etc.		

CHAPITRE VII. LES STOCKS

Exercice de la page 99

Stock N = Stock (N−1) + augmentation ou − diminution

— Variation stock matières (compte 603) : solde créditeur, elle vient diminuer le montant des charges, donc une partie des achats n'a pas été consommée, le stock a augmenté.

Stock matières N = stock matières (N−1) + 15 000
= 64 000 + 15 000
= 79 000

— Variation stock produits (compte 713) : solde créditeur, elle vient augmenter les ventes, il y a eu augmentation du stock produits.

Stock produits N = stock produits (N−1) + 28 000
= 42 000 + 28 000
= 70 000

6031 31	Variation stock MP Stock MP	64 000	 64 000
31 6031	Stock matières premières Variation stock MP	79 000	 79 000
7135 35	Variation stock produits finis Stock PF	42 000	 42 000
35 7135	Stock PF Variation stock PF	70 000	 70 000

CHAPITRE VIII. LA TVA

Exercice de la page 109

Septembre :

D	4456 TVA réductible	C
	744	
	5 000	
	270	

D	4457 TVA collectée	C
		9 400

	1-10		
4457	TVA collectée	9 400	
4456	TVA déductible		5 270
4455	TVA à décaisser		4 130
	2-10		
622	Honoraires	3 500	
4456	TVA déductible	700	
512	Banque		4 200
	5-10		
613	Location	1 200	
512	Banque		1 200
	6-10		
6712	Pénalités, amendes fiscales et pénales	50	
53	Caisse		50
	9-10		
2183	Matériel de bureau et informatique	2 400	
4456	TVA déductible	480	
404	Fournisseurs d'immob.		2 880
	10-10		
607	Achats de marchandises	12 000	
4456	TVA déductible	2 400	
401	Fournisseurs		14 400
	12-10		
623	Publicité	700	
4456	TVA déductible	140	
401	Fournisseurs		840
	13-10		
626	Frais postaux et frais de télécom.	490	
4456	TVA déductible	98	
401	Fournisseurs		588
	15-10		
512	Banque	33 600	
707	Ventes de marchandises		28 000
4457	TVA collectée		5 600

	15-10		
4455	TVA à décaisser	4 130	
512	Banque		4 130
	18-10		
615	Entretien	350	
4456	TVA déductible	70	
512	Banque		420
	19-10		
671	Charges exceptionnelles	16 000	
421	Personnel, rémun. due		16 000
	21-10		
625	Déplacements, missions et réceptions	870	
512	Banque		870
	25-10		
6351	Taxe professionnelle	5 200	
447	Autres impôts, taxes...		5 200
	28-10		
401	Fournisseurs	588	
512	Banque		588
	31-10		
512	Banque	62 400	
707	Ventes		52 000
4457	TVA collectée		10 400
	31-10		
4457	TVA collectée*	16 000	
4456	TVA déductible*		4 188
4455	TVA à décaisser		11 812

* 16 000 = 5 600 + 10 400
4 188 = 1 000 + 480 + 2 400 + 140 + 98 + 70

Ier TEST RÉCAPITULATIF

Exercice de la page 110

- I -

Le résultat est négatif.

Le niveau des dettes financières est élevé.

Les immobilisations sont amorties à plus de 60 % (2 100/3 400).

On peut donc craindre que la société, ayant une activité déficitaire et étant déjà largement endettée, ne peut trouver les ressources financières qui seraient nécessaires au renouvellement de ses immobilisations.

La société doit donc rechercher un apport de fonds propres pour financer des investissements de modernisation.

- II -

N°		Débit	Crédit
	1		
21	Immobilisations	50	
512	Banque	400	
101	Capital		450
	2		
512	Banque	200	
775	Produits de cession		200
	d°		
675	Valeur comptable des éléments cédés	250	
281	Amortiss. des immo.	150	
21	Immobilisations		400
	3		
16	Emprunt	300	
661	Intérêts	36	
512	Banque		336
	4		
411	Clients	480	
701	Vente de produits finis		400
4457	TVA collectée		80
	5		
411	Clients	24	
701	Ventes de produits finis		20
4457	TVA collectée		4
	6		
512	Banque	50	
411	Clients		50
	7		
512	Banque	20	
74	Subventions d'exploitation		20

	8*		
512	Banque	72	
419	Clients, acomptes reçus		72
	9*		
21	Immobilisations	130	
4456	TVA déductible	26	
404	Fournisseurs d'immo.		156
	10*		
601	Achats stockés	110	
4456	TVA déductible	22	
512	Banque		44
401	Fournisseurs		88
	11		
512	Banque	15	
708	Produits des activités annexes		15
	12		
626	Frais de télécommunications	2,3	
4456	TVA déductible	0,46	
512	Banque		2,76
	13*		
	14		
512	Banque	480	
411	Clients		480
	15		
641	Rémunération du personnel	150	
545	Charges sociales	60	
421	Personnel, rémunérations dues		150
43	Sécurité sociale, autres organismes		60
	16		
43	Sécurité sociale et autres organismes	30	
512	Banque		30
	17		
623	Publicité	5	
4456	TVA déductible	1	
401	Fournisseur		6
	18		
401	Fournisseurs	48	
512	Banque		48
	19*		
401	Fournisseurs	1,2	
629	Remises obtenues		1
4456	TVA réductible		0,2
	20		
622	Honoraires	10	
4456	TVA réductible	2	
512	Banque		12
	21		
503	Actions	123	
627	Services bancaires	1	
4456	TVA déductible	0,2	
53	Caisse		124,2
	22		
4457	TVA collectée	84	
4456	TVA déductible		55,26
4455	TVA à décaisser		28,74

8* Acompte = 240 × 1,20 × 1/4 = 72
Le compte 419 (dette provisoire envers un client) est créditeur et se soustrait du compte 411.

9* Montant H.T. = 156 : 1,2 = 130.

10* TTC = 110 × 1,20 = 132
2/3 × 132 = 88   1/3 × 132 = 44

13* Pas d'écriture tant que la facture n'est pas établie.

19* Remise : 2 H.T., donc réduction de TVA déductible de 0,2 × 2
Le compte 629 est un compte de charge, mais créditeur : il vient en soustraction des charges.

- III -

N°		Débit	Crédit
	a*		
708	Produits des activités annexes	12,5	
487	Produits constatés d'avance		12,5
418	Clients, factures à établir	36	
701	Ventes et produits finis		30
4457	TVA collectée		6
	b		
416	Clients douteux	24	
411	Clients		24
68	Dotations aux provisions	12	
491	Provisions pour dépréciation des comptes de clients		12
	c		
68	Dotations aux amortissements	30,5	
281	Amortissements des immo.		30,5
	d		
391	Provisions pour dépréciation stocks	35	
78	Reprises de provisions		35
	e		
6031	Variation des stocks	435	
31	Stock des mat. premières		435
31	Stock des mat. premières	460	
6031	Variation des stocks		460

* Au 30 avril, il reste 2,5 mois à courir auxquels correspond un loyer de $15 \times \frac{2,5}{3} = 12,5$.

- IV -

Charges		RÉSULTAT	Produits
Achats stockés	110	Ventes de produits finis	390
– Variation stocks	– 25	Produits d'activités annexes	2,5
Honoraires	25	Subventions d'exploitation	20
Publicité	10	Produits de cession	200
Frais de télécommun.	2,3	Reprises sur am. et pro.	35
Services bancaires	1		
– Remises obtenues	– 2	Perte	12,16
Rémunération personnel	150		
Charges sociales	60		
Intérêts	36		
Valeur comptable des éléments cédés	250		
Dotations am. et pro.	42,36		
	659,66		659,66

La perte annuelle était de 100. La perte mensuelle en avril se monte à 12,16. Le résultat ne s'est donc pas amélioré, au contraire. Mais l'augmentation des fonds propres devrait permettre de réaliser d'autres investissements. Le resserrement de la gestion des créances et de la trésorerie devrait aussi produire des effets.

En fait, il est impossible de juger l'impact des mesures de LT2 au terme d'un seul mois.

CHAPITRE IX. LIRE LES DOCUMENTS DE SYNTHÈSE

Exercice de la page 137

BILAN

Actif

Actif immobilisé		
Frais d'établissement		96
Immobilisations corporelles		196 570
Titres de participation		4 567 838
Ecart d'acquisition		9 675
Actif circulant		
Autres créances		245 207
Valeurs mobilières de placement		1 312 566
Disponibilités		265 106
Comptes de régularisation		13 937
	TOTAUX	6 610 995

Passif

Capitaux propres		
Capital		345 100
Primes		509 896
Réserves		380 640
Ecart de conversion		2 459
Résultat de l'exercice		49 145
Provisions pour risques et charges		51 830
Dettes		
Emprunts et dettes financières		5 149 132
Fournisseurs et comptes rattachés		5 780
Autres dettes		113 278
Comptes de régularisation		3 735
	TOTAUX	6 610 995

COMPTE DE RÉSULTAT

Charges	
D'exploitation	
Autres achats et charges externes	66 101
Impôts et taxes	4 462
Charges de personnel	47 878
Dotations aux amortissements et aux provisions	22 553
Autres charges	481
Financières	371 433
Exceptionnelles	8 671
Impôt sur les bénéfices	5 451
Résultat net	49 145
TOTAUX	576 175

Produits	
D'exploitation	
Revenus des locations	36 422
Prestations de services	78 664
Reprise sur amortissements et provisions	2 913
Autres produits	692
Financiers	446 340
Exceptionnels	11 144
TOTAUX	576 175

CHAPITRE X. LE RÉSULTAT, CE QU'IL N'EST PAS...

Exercice de la page 151

– L'avoir fiscal est un crédit d'impôt pour l'actionnaire : 50 % des dividendes sont déductibles de l'impôt sur le revenu.

Le revenu imposable inclut le dividende global, puis l'impôt est réduit de 50 % du dividende net.

Exemple. Un salarié ayant un salaire annuel net imposable de 50 000 € et possédant 100 actions B-G aura un revenu imposable de

$$50\,000 + (100 \times 33) = 53\,300.$$

Sur cette base, on calcule son impôt, dont on déduit (100 × 11 €).

L'entreprise distribue effectivement 22 €, mais l'actionnaire peut estimer qu'il a reçu 33 € : 22 € directement de l'entreprise, et 11 € de réduction d'impôt.

$$\frac{249\,480\,000}{22} = 11\,340\,000 \text{ actions rémunérées}$$

$$\frac{33}{435{,}40} = 7{,}58\ \% \text{ de rendement}$$

Ce taux ne concerne qu'une part du revenu de l'actionnaire ; il faut y ajouter les plus-values. En outre, il est à comparer à celui d'autres placements : caisse d'épargne, obligations, autres actions, etc. en tenant compte aussi : 1) du risque encouru, 2) du régime fiscal, 3) des plus-values éventuelles.

L'entreprise décide de distribuer 249 480 M€ au titre de 20-N. Or, sa trésorerie au 31-12-20-N est de 31 429 M€, soit à peu près 12,5 % de la somme à distribuer aux actionnaires. Et elle a évidemment d'autres décaissements à prévoir. Alors ?

L'entreprise paye les dividendes 20-N avec les flux dégagés par l'activité 20-N+1. La partie distribuée du bénéfice 20-N apparaît comme un emploi financier (un décaissement) de l'exercice 20-N+1.

CHAPITRE XI. LES SOLDES INTERMÉDIAIRES DE GESTION

Exercice de la page 169

	N–2	N–1	N
Production vendue	94 310	97 985	100 425
Production stockée	1 915	– 740	2 450
= Production de l'exercice	96 225	97 245	102 875
– Achats de matières premières	76 380	75 350	80 045
Variation stocks MP	– 420	– 1 980	1 640
– Autres charges externes	1 450	1 940	2 380
= Valeur ajoutée	18 815	21 935	18 810
– Impôts et taxes	190	215	238
– Salaires	12 480	12 730	12 970
– Charges sociales	5 390	5 470	5 580
= Excédent brut d'exploitation	755	3 520	22
+ Reprises A/P			
– Dotations A/P	510	1 140	2 160
= Résultat d'exploitation	245	2 380	– 2 138
+ Produits financiers	607	585	2 315
– Charges financières	98	997	280
= Résultat courant avant impôt	754	1 968	– 103
± Résultat exceptionnel	4		110
– Participation des salariés	40	10	20
– Impôt sur les bénéfices	580	265	440
= Résultat net comptable	138	1 693	– 453

CHAPITRE XII. LES SIG, BANQUE DE FRANCE

Exercice de la page 189

	N	N−1
Ventes	35 123	29 862
Achats de marchandises	− 29 740	− 25 649
Variation de stock march.	+ 715	− 30
= MARGE COMMERCIALE	6 098	4 183
Production vendue	3 551 343	3 255 903
Production stockée	− 40 658	26 168
Production immobilisée	5 344	11 034
Subvention d'exploitation	261	957
= PRODUIT DE L'EXERCICE	3 522 388	3 298 245
Achats de matières premières	129 407	128 561
Achats d'autres appro.	611 906	595 153
Variation stock	− 33 274	− 4 634
Autres achats	226 375	225 954
Services extérieurs	696 715	601 130
Impôts, taxes	111 028	100 833
Total consom. intermédiaires	1 742 157	1 646 997
= VALEUR AJOUTÉE	1 780 231	1 651 248
Salaires	418 528	411 850
Charges sociales	200 742	194 243
Participation	28 218	19 553
Personnel extérieur	13 217	10 928
= EBE	1 119 526	1 014 674
Autres produits	26 306	20 883
Autres charges	2 968	3 305
RAP et transferts	20 711	22 655
DAP, charges d'exploitation	260 000	247 757
= RÉSULTAT D'EXPLOITATION	903 575	807 151
Quote-part de bénéfice	130	298
Produits financiers	118 386	82 676
Charges financières	170 497	161 663
= RÉSULTAT COURANT	851 594	728 462
RÉSULTAT EXCEPTIONNEL	− 113 068	− 183 826
Impôt sur les bénéfices	265 208	212 817
RÉSULTAT	473 318	331 819

CHAPITRE XIII. LA CAPACITÉ D'AUTOFINANCEMENT

Exercice de la page 203

	N	N−1
Production vendue	2 894 458	2 849 481
Production stockée	21 195	− 53 836
Production immobilisée	43 362	38 389
Subventions d'exploitation	1 086	456
Produit de l'exercice	2 959 015	2 834 490
Achats de matières premières	762 564	841 723
Variation de stocks mat. premières	9 875	1 811
Autres charges externes	911 719	795 656
Impôts et taxes	63 867	65 867
Valeur ajoutée	1 212 076	1 129 433
Salaires	609 431	580 559
Charges sociales	234 842	228 553
EBE	367 803	320 321
Autres produits	24 354	18 320
Produits financiers (sauf RAP)	537 046	528 131
Produits except. opération de gestion	3 616	23 597
Autres charges	23 681	20 543
Charges financières (sauf DAP)	321 082	199 563
Charges except. opération de gestion	114 938	58 354
CAF	473 118	611 909

CHAPITRE XIV. ANALYSE DU BILAN

Exercice de la page 213

BILAN FONCTIONNEL DE LA S.A. TRAPE

Immobilisations incorporelles	60 289	Capitaux propres	8 829 684
Immobilisations corporelles	13 194 085	Amortiss. et provis.	9 020 264
Immobilisations financières	174 237	Provis. risques	371 928
Charges à répartir	538	Dettes financières	614 666
Total Actif stable	13 429 149	Total Passif stable	18 836 542
Stocks	2 148 466	Dettes exploitation	501 499
Créances d'exploitation	1 911 898	Avances et acomptes	24 323
Autres créances	1 453 400	Dettes diverses	245 077
Charges constatées d'avance	90 379	Produits constatés av.	31 415
Valeurs mobilières de placement	363 487	Concours bancaires	15 210
Disponibilités	257 287		
		Total Passif circulant	817 524
Total Actif circulant	6 224 917		
Total Actif	19 654 066	Total Passif	19 654 066

▶ Remarque. Dettes financières stables = 630 485 – 15 210 – 609 = 614 666.

BILAN FONCTIONNEL : PRÉSENTATION CONDENSÉE

Actif stable	13 429,1	Passif stable	18 836,5
Actif circulant	5 604,1	Passif circulant	802,3
Actif de trésorerie	620,8	Passif de trésorerie	15,2
Total Actif	19 654,0	Total Passif	19 654,0

▶ Remarques.

– La présentation condensée fait ressortir les grandes masses. Pour améliorer encore la lisibilité du bilan, on peut choisir une unité monétaire en milliers ou millions d'euros.

– Les valeurs mobilières de placement sont des placements de liquidités, réalisables à très court terme et sont donc assimilables aux disponibilités et doivent être inclus dans la trésorerie d'Actif.

– La trésorerie de Passif est composée des concours bancaires courants inclus dans les dettes financières.

CHAPITRE XV. FR ET BFR

Exercice de la page 231

1) Tableau

	N	N + 1	N + 2	Variation N + 1/N	Variation N + 2/N + 1
FR	21 000	23 000	22 500	+ 2 000	- 500
BFR	18 050	22 222	24 305	+ 4 172	+ 2 083
Trésorerie nette	2 950	778	- 1 805	- 2 172	- 2 583

On vérifie que pour chaque année FR = BFR + TN, et de même pour les variations.

2) Le BFR a augmenté en N + 1 et en N + 2. L'analyse montre que ces deux augmentations ont des causes différentes.

Exprimons le BFR en nombre de jours de chiffre d'affaires hors taxe, CAHT, soit le rapport BFR/1 jour de CAHT.

	N	N + 1	N + 2
Jour de CAHT (CAHT/360)	902,5	888,9	972,2
BFR en jours de CAHT	20	25	25

On peut résumer ainsi les évolutions d'une année à l'autre :

	de N à N + 1	de N + 1 à N + 2
CAHT	stable	hausse
BFR en jours CAHT	hausse	stable

On a donc deux évolutions symétriques :

– De N à N + 1, le CAHT est stable (et même en légère baisse). L'augmentation du BFR n'est donc pas imputable à une éventuelle augmentation de l'activité, puisque celle-ci a stagné. En fait le BFR a augmenté en proportion du CAHT. Chaque euro de vente a suscité un BFR supérieur. C'est la vitesse de renouvellement des stocks ou des créances ou des fournisseurs ou de ces trois postes qui a changé.

Par exemple, la durée des créances clients s'est allongée : le poste des créances clients (elles sont enregistrées TTC) passe de moins de 47 jours de CATTC en N à plus de 50 jours de CATTC en N + 1. On a donc augmenté la durée moyenne de nos créances : c'est un besoin supplémentaire de fonds de roulement.

— De N + 1 à N + 2, le CAHT augmente. Le BFR augmente en valeur absolue, mais reste stable en jours de CAHT. Les conditions d'exploitation sont donc inchangées, et toute l'augmentation du BFR est imputable à la croissance de l'activité.

Ces deux variations illustrent donc les deux types de causes à l'origine de l'augmentation du BFR.
— De N à N + 1, on a écarté toute hausse d'activité, pour en éliminer l'effet mécanique sur le BFR.
— De N+1 à N+2, on a neutralisé les variations des conditions d'exploitation, pour isoler l'incidence de la croissance.

CHAPITRE XVI. TABLEAU DE FINANCEMENT

Exercice de la page 243

1. Amortissements N − 1 = Amortissements N/2 = 2 400/2 = 1 200. Dotation N = Amortissements N − Amortissements N − 1 = 2 400 − 1 200 = 1 200. Attention ! Ne pas confondre la dotation annuelle (DAP, charge) et les amortissements (comptes d'immo créditeurs, en soustraction) dans lesquels se CUMULENT les dotations. C'est « par hasard » que la dotation N est égale aux amortissements N − 1.

2. Brut = Net + Amortissements (cf ligne de bilan)
Immo brutes N − 1 = 11 000 + 1 200 = 12 200.

3. Immo (N) = Immo (N − 1) − Cessions en N + Acquisitions en N.
Les acquisitions sont en valeur brute, tous les autres termes doivent donc être aussi exprimés en brut.

14 400 = 12 200 − 1 000 + Acquisitions en N
Acquisitions en N = 14 400 − 11 200 = 3 200

4. Les capitaux propres ont augmenté de 4 200 − 4 100 = 100.
Ces 100 sont un virement du bénéfice de N − 1 de 150.
La partie distribuée aux actionnaires se monte donc à 50.

5. CAF = Résultat
+ DAP − RAP
+ Valeur comptable des cessions
− Produits des cessions
= 300 + 1 200 − 0 + 100 − 900
= 1 600

6. Tableau de financement

I. VARIATION DU FONDS DE ROULEMENT			
Emplois stables			Ressources stables
Bénéfice distribué	50	CAF	1 600
Augmentation Actif stable		Diminution Actif stable	
Acquisition immo.	3 200	Cession d'immo.	900
Diminution Passif stable		Augmentation Passif stable	
Dettes financières	220		0
		Emploi net de l'exercice	970
	3 470		3 470

Ce tableau I s'interprète ainsi : les emplois stables ont augmenté en N de 3 470, et les ressources stables de 2 500. Le FRNG a donc diminué de la différence, 970.

▶ Remarque. Variation Dettes financières stables = (5 050 − 320) − 4 950 = 220.

II. BFR ET TRÉSORERIE			
	+ AC ou − PC	− AC ou + PC	BFR/TN
Actif circulant			
Stocks		400	
Clients	400		
Passif circulant			
Dettes		500	
	400	900	
BFR			− 500
Trésorerie Actif		150	
Trésorerie Passif		320	
		470	− 470

On vérifie la relation fondamentale de trésorerie − 970 = − 500 − 470.

Cette présentation est calquée sur celle du PCG. On se rappelle que

$$BFR = AC - PC$$

La première colonne regroupe les opérations qui augmentent le BFR (augmentation d'AC ou diminution de PC), la deuxième colonne est pour les opérations qui diminuent le BFR (diminution d'AC ou augmentation de PC). Dans la troisième colonne, la variation du BFR est assortie de son signe.

On peut faire le même raisonnement pour la trésorerie.

IIe TEST RÉCAPITULATIF
Exercice de la page 245

- I -

SIG

	20-N+1	**20-N**	
Marge commerciale (1)	30 522	38 233	- 20,2 %
Production exercice (2)	3 327 036	2 552 792	+ 30,3%
(1) + (2)	3 357 558	2 591 025	+ 29,6 %
Consom. intermédiaires	1 865 988	1 320 417	+ 41,3 %
Impôts et taxes	100 367	88 883	+ 12,9 %
Valeur ajoutée	1 391 203	1 181 725	+ 17,7 %
Charges de personnel	1 107 607	1 049 090	+ 5,6 %
Excédent brut d'exploit.	283 596	132 635	× 2,14
Reprises (+)	5	282 635	
Autres produits (+)	6 296	3 598	
Dotations (–)	189 252	165 715	
Autres charges (–)	2 522	2 590	
Résultat d'exploitation	98 123	250 563	/2,55
Produits financiers (+)	36 493	22 283	
Charges financières (–)	66 907	89 004	
Résultat courant avant IB	67 709	183 842	/2,71
Produits exceptionnels (+)	228 828	49 874	
Charges exceptionnelles (–)	95 548	272 310	
Résultat exceptionnel	133 280	- 222 436	× 1,6
Résultat courant	67 709	183 842	/2,7
Résultat exceptionnel	133 280	- 222 436	
Impôt sur bénéfices (–)	11 643	17	
Résultat net	189 346	- 38 611	

La tendance globale est au redressement. Certes, les consommations intermédiaires augmentent beaucoup (41,3 %), davantage que la production de l'exercice (30,4 %). Mais, malgré cela, la valeur ajoutée progresse de 17,7 %. Même en tenant compte de l'inflation (3,1 %), c'est une forte progression de l'ordre de 15 %. La V.A. par salarié passe de 142,3 en 20-N à 170,0 en 20-N+1, soit une progression de presque 20 %. C'est un signe de l'augmentation de la productivité du travail chez Bagnolette. L'excédent brut d'exploitation fait plus que doubler. Incontestablement, la rentabilité de l'affaire s'améliore.

La baisse du résultat d'exploitation ne contredit pas cette appréciation. En effet, elle est due à deux causes : 1) de grosses reprises de provisions en 20-N, destinées à « gonfler » le mauvais résultat de cette année-là ; 2) des dotations aux amortissements plus importantes en 20-N, en raison (on peut le supposer) d'un effort d'investissement nécessaire au redressement.

La baisse du résultat d'exploitation se répercute sur le résultat courant.

Le résultat exceptionnel positif de 20-N+1 est dû en partie à la cession des titres de la filiale espagnole. D'autre part, les charges exceptionnelles sont en baisse notable.

Au total, le résultat net devient largement bénéficiaire.

- II -

Le comptable a passé l'écriture suivante :

67 Charges exceptionnelles		791 Transfert de charges	
165 271			165 271

Cette écriture vise à redresser le résultat d'exploitation (791 est crédité), en transférant le poids des charges vers le « bas » du résultat, parmi les charges exceptionnelles. Le résultat net n'est pas modifié. Il s'agit seulement de donner une meilleure image du résultat d'exploitation. La justification apportée est discutable : la « sous-activité » invoquée est certes provisoire, mais elle n'a pas pour autant un caractère « exceptionnel » ; elle est liée à l'évolution du marché, de l'exploitation de l'entreprise, etc. Mais, voilà un exemple d'aménagement de la présentation des documents de synthèse.

- III -

La CAF

CAF = RN – RAP + DAP – 775 + 675
20-N CAF = 38 611 – (282 636 + 2 877 + 41 963) + (157 884 + 7 831 + 16 262 + 19 767) – 5 136 + 2 114
= – 167 365
20-N+1 CAF = 189 346 – (5 + 6 407 + 96 876) + (165 211 + 12 041 + 12 000 + 13 178 + 2 618) – 130 796 + 19 669
= 179 979

CAF = EBE + produits encaissables – changes décaissables
20-N CAF = 132 635 + 3 598 – 2 590 + 2 672 + 14 764 + 1 970 – 70 236 – 2 506 + 2 775 – 250 429 – 17
= – 167 365
20-N+1 CAF = 283 596 + 6 296 – 2 522 + 11 857 + 13 488 + 4 741 + 1 156 – 52 186 – 1 543 – 73 261 – 11 643
= 179 979

- IV -

Bilan fonctionnel 20-N

Actif stable	2 600 343	Passif stable	3 413 221
Actif circulant	1 477 103	Passif circulant	650 319
Trésorerie	30 633	Trésorerie	44 539
Total	4 108 079	Total	4 108 079

Bilan fonctionnel 20-N+1

Actif stable	2 543 814	Passif stable	3 415 213
Actif circulant	1 789 877	Passif circulant	962 742
Trésorerie	129 581	Trésorerie	85 317
Total	4 463 272	Total	4 463 272

Passif stable = capitaux propres (– écart de conversion Actif + écart de conversion Passif) + provisions pour risques + amortissements et provisions + dettes financières (– primes de remboursement des obligations – concours bancaires courants).

	20-N	20-N+1	Variation
FRNG	812 878	871 399	+ 58 521
BFR	826 784	827 135	+ 351
Trésorerie	– 13 906	+ 44 264	+ 58 170

Le FRNG augmente nettement de 7,2 %. Cette évolution s'explique moins par la hausse du passif stable que par la baisse de l'actif stable. Cette baisse serait un mauvais signe si elle traduisait un processus de désinvestissement. Or, il n'en est rien (voir l'augmentation des dotations aux amortissements).

Le BFR augmente peu, malgré la relance de l'activité. L'explication tient à l'amélioration des conditions d'exploitation (vitesse de renouvellement des stocks, échéance des créances et dettes) : le BFR représentait l'équivalent de 108 jours de chiffre d'affaires en 20-N, et de 87 en 20-N+1.

La trésorerie nette, créditrice en 20-N, devient excédentaire en 20-N+1.

	20-N	20-N+1
C.A.	2 753 928	3 425 583
J = C.A./360	7 650	9 515
BFR/J	108	87

TABLE DES MATIÈRES

IMPRIMÉ EN ALLEMAGNE PAR GGP MEDIA GMBH

pour le compte des
Nouvelles Éditions Marabout
D.L. Avril 2008
ISBN: 978-2-501-05364-8
40.8556.9/03